배려를 파는 가게

Legendary Service

배려를 파는 가게

켄 블랜차드 외 지음 · 이제용 옮김

한국경제신문

전설적인 고객 서비스가 조직을 성공으로 이끄는
핵심임을 믿는 모든 이들에게 바친다.

켄블랜차드 컴퍼니의 '전설적인 고객 서비스' 훈련 프로그램을 구상하면서, 우리는 여러 조직의 직원들에게 두 가지 질문을 던졌다.

1. 고객 서비스가 왜 중요한가?
2. 고객들이 무엇을 알았으면 하는가?

그리고 늘 같은 대답을 들었다.

1. 고객들이 만족하면 다시 찾아올 테고, 그러면 우리는 성공할 것이다.
2. 고객들이 다시 찾아오도록 우리가 배려한다는 사실을 고객들이 알았으면 한다.

고객으로서 당신이 어떤 상점이나 회사를 선호하고 고집하는 이유는 무엇인가? 단지 품질 때문만은 아닐 것이다. 연구에 따르면, 고객들이 다시 찾는 이유는 어떤 기분을 불러일으키는 태도 때문이라고 한다.

당신이 배려한다는 걸 고객이 알게 하라. 이 말은 참으로 단순하게 들린다. 그런데 고객에 대한 배려를 보여주는 것이 그토록 중요하면서도 단순하다면, 왜 모든 기업들이 그렇게 하고 있지 않은 것일까? 신규 고객을 계속 유치하기보다는 기존 고객을 지키는 일이 비용 측면에서 훨씬 효율적인데 말이다.

이제 켈시 영을 만나보자. 그녀는 고객 만족도가 낮은 할인매장 퍼거슨스의 파트타임 직원으로 일하면서 대학에서 경영학을 전공하는 단호하고 낙천적인 성격의 젊은 여성이다. 켈시는 대학의 '전설적인 서비스(Legendary Service)' 수업에서 고객에 대한 배려가 기업의 성공에 필수적이라는 사실을 배우고 있다. 미래를 함께할 퍼거슨스가 경쟁 회사들의 위협을 직시하도록 도울 수 있으리라 기대하면서, 켈시는 팀장과 함께 상황을 개선하기 위해 노력한다. 몇 가지 놀라운 사건을 통해, 켈시는 전설적인 서비스가 회사의 미래에 얼마나 큰 영향을 미치는지, 그리고 한 사람이 얼마나 큰 차이를 만들어낼 수 있는지 깨닫게 된다.

그 어느 때보다 바로 지금이 고객 서비스를 배워야 할 때다. 이 책을 읽으면서, 그리고 우리가 수년간에 걸쳐 일류 기업들을 훈련시켜왔던 ICARE 모델을 적용해보면서, 당신은 고객 서비스에 대해 배우게 될 것이다.

회사에서 어떤 위치에 있든, 고객과의 접점에 있는 직원이라면 당신에게 고객의 충성을 이끌어낼 기회가 있음을 깨닫게 될 것이다. 그리고 서비스 문화를 만들어나가는 것은 동료들과 함께 서비스 마인드를 연습하는 것에서부터 시작된다는 사실을 알게 될 것이다. 당신이 리더라면 회사의 체질을 바꿔놓을 만큼 고객을 배려하는 데 힘쓸 것이다.

CEO든, 켈시 같은 파트타임 직원이든, 누구나 변화를 만들어낼 수 있다. 회사 안에 있든, 밖에 있든, 고객 서비스는 모든 직원에게 해당되는 일이다.

캐시 커프, 비키 할시와 함께 이 책을 쓰는 일은 정말 신나는 작업이었다. 우리 회사의 최고 트레이너이자 컨설턴트 가운데 두 사람인 그들은 '전설적인 서비스'라는 고객 서비스 훈련 프로그램을 공동 창안했다. 캐시와 비키는 수년간 모든 분야의 기업들을 상대로 아무리 상품이 훌륭해도 제대로 된 고객 서비스가 없으면 성공할 수 없다는 사실과 전설적인 서비스 프로그램으로 더 많은 충성 고객을 이끌어낼 수 있다는 사실을 가르쳐왔다.

사실, 답은 간단하다. 핵심은 배려에 있다. 그러니 편안하게 앉아 우리가 하는 얘기를 들어주기 바란다.

켄 블랜차드

배려를 파는 가게
LEGENDARY SERVICE

CONTENTS

할인매장에서
생긴 일

"이거 몇 주 전에 여기서 산 커피메이커인데요, 환불해야겠어요."

한 고객이 뜯겨진 상자에 들어 있는 커피메이커를 들고 와서 말했다.

"이유를 여쭤봐도 될까요?"

젊은 파트타임 직원, 켈시 영이 물었다.

"커피가 뜨겁게 안 나오더라고요. 그래서 그냥 다른 가게에서 다른 걸 샀어요. 그러니 현금이나 예치금으로 환불해 주셨으면 해요. 영수증은 못 찾았네요."

"네, 괜찮습니다. 담당 관리자에게 사인만 받으면 되니까 잠시만 기다려주세요."

미소를 지으며 대답한 켈시는 돌아서서 서비스 데스크로 갔다. 관리자 앞에 커피메이커를 놓자 그가 상자 안을 힐끗 보며 눈살을 찌푸렸다.

"켈시, 이건 환불이 안 돼요. 이미 사용했잖아. 영수증 있어요?"

"아뇨."

"그럼 더더욱 안 돼요. 손님이 언제 산 건지도 모르고."

켈시가 눈을 동그랗게 떴다.

"네? 지난주에 로리 과장님이 소형 가전제품은 이유에 상관없이 아무 때나 예치금으로 환불 가능하다고 알려주셨는데요?"

"영수증이 없으면 안 돼요. 로리가 서비스 데스크에서 나보다 오래 일했는데 그런 소릴 했다니 거 참 이상하네."

관리자는 상자를 켈시 쪽으로 밀어냈다.

"손님한테 그냥 회사 방침이라고 말해요. 영수증이 없으면 사용한 가전제품은 환불이 안 된다고."

그가 말한 대로 켈시가 설명하자, 고객은 짜증난 눈빛으로 켈시를 쏘아봤다.

"아니, 뜯어서 사용해봐야 어떤 커피가 나오는지 알 수 있잖아요? 그리고 다른 데선 영수증 없이도 다 예치금으로 환불해줘요. 뭐 그따위 말도 안 되는 회사 방침이 있어요?"

상자를 집어들고 돌아서려던 고객이 켈시를 돌아봤다.

"그리고 아까는 괜찮다고 그랬잖아요?"

"죄송합니다."

걸어나가는 고객을 바라보는 켈시는 멍청이가 돼버린 기분이었다. 그 고객은 두 번 다시 찾아오지 않았고, 켈시는 당연하다고 생각했다.

전설적인
수업을 듣다

대학 여름학기 개강 날, 켈시는 강의를 들으러 자리에 앉았다. 앞으로 8주 동안 고객 서비스에 대해 어떤 것을 배우게 될지 궁금했다.

교탁 앞에서 노트북 선을 만지작거리던 친근한 인상의 남자가 고개를 들고 말을 시작했다.

"안녕하세요, 여러분. 전 하틀리 교수입니다. 제 강의 '전설적인 서비스'에 오신 여러분 모두를 환영합니다. 앞으로 여러분은 경영학과 학생으로서 지금까지 들어본 강의 가운데 이 강의가 최고일 뿐만 아니라 매우 중요하다는 사실을 알게 될 겁니다."

교수가 씩 웃었다. 농담인지 진담인지 켈시는 알 수가 없었다.

"좀 거만하게 들렸나요? 제가 왜 그렇게 말했는지 설명하죠. 여러분은 대학 과정에서 고객 서비스에 대해 배우는 게 좀 뜻밖이라고 생각할 지도 모르겠습니다. 하지만 한번 생각

해보세요. 여러분이 최근에 '훌륭한' 고객 서비스를 받았던 게 언제죠? 그냥 괜찮았거나 꽤 좋았던 서비스가 아니라, '정말로 탁월했던' 서비스를 말하는 거예요. 여러분이 받았던 서비스가 너무나 환상적이라 그걸 다른 사람에게 말하지 않곤 못 배겼던 때가 마지막으로 언제였죠?"

강의실에 침묵이 흘렀다. 누구 대답하는 사람 없나 하고 몇몇 학생들이 두리번거렸다.

"까마득해서 기억도 안 나나요? 그렇군요! 전설적인 서비스라는 게 여러분이 생각하는 것처럼 쉽진 않아 보이는군요. 관리자들은 고객을 상대하는 직원들에게 항상 친절하고 훌륭한 서비스를 제공하라고 말합니다. 그런데 정작 그걸 어떻게 하는지는 알려주지 않죠. 이제 여러분은 그걸 배우게 될 겁니다. 이런 강의, 많지 않습니다. 처음, 경영학과 과정에 이 강의가 들어가도록 담당자들을 설득하는 데 꽤 오랜 시간이 걸렸습니다. 경영학과 과정에 고객 서비스를 필수 과목으로 넣지 않는 건 잘못이에요. 제가 왜 이렇게까지 말하는지 아세요? 사업을 성공시키는 모든 건 결국 관계이기 때문입니다. 그리고 그 관계는 서비스를 통해 만들어지죠. 장기적으로 성공하는 기업은 직원이나 고객과의 관계 형성이 중요하다는 사실을 잘 아는 기업입니다. 그런데도 경영학과 과정은 가슴이 아니라 머리에만 초점을 맞추고 있어요. 그건 잘못됐다고 생각합니다."

프로젝션 스크린을 향해 선 하틀리 교수는 이렇게 물었다.

"좋아요. 이제 이 강의의 첫 번째 핵심 포인트를 들을 준비가 됐나요?"

그가 노트북의 키보드를 두드리자 화면에 다음과 같은 문구가 나타났다.

> 직원들에게 동기부여하는 환경을 만들면,
> 고객의 충성은 따라오게 마련이다.

"위대한 기업은 직원이 가장 중요한 고객이라는 사실을 깨달은 기업입니다. 리더가 직원들을 배려하고 직원들이 자신의 일에 몰두하도록 격려한다면, 직원들은 시키지 않아도 고객을 돌보는 일에 전심을 다하겠죠. 그렇게 하면 고객들은 다시 찾아오고, 이는 기업의 수익으로 이어집니다."

켈시는 납득할 수 없었다. 그녀는 생각했다. 어떻게 그렇게 쉽게 말할 수가 있어? 하틀리 교수는 내가 일하는 곳에서 물건을 사본 일이 없으니까 그렇지. 우리 지점 관리자들은 직원이나 고객은 신경도 안 쓴다고!

커피메이커를 환불하려다 짜증을 냈던 고객과의 일을 생각하자, 켈시는 난처한 입장에 처해 낙담했던 기억이 떠올라 얼굴을 찌푸렸다.

"정직원이든 파트타임 직원이든, 지금 일하고 있는 사람 손 들어볼래요?"

교수가 묻자 학생들 대부분이 손을 들었다.

"손을 든 채로 질문에 대답해보세요."

중요한 질문이라도 되는 듯 교수는 잠시 뜸을 들였다.

"지금 하는 일을 싫어하는 사람?"

켈시는 손을 내렸지만 학생들 대다수가 손을 들고 있는 것을 보고 그녀는 깜짝 놀랐다.

"좋아요. 그럼 다른 질문을 해보죠. 자기가 하는 일을 정말로 좋아하는 사람?"

모두 손을 내리고 세 명만 손을 들었다. 켈시는 그 세 명 가운데 한 명은 확실히 아니었다. 그녀는 지금 하는 일에 대한 자신의 마음은 사랑과 미움의 중간쯤이라고 생각했다.

하틀리 교수는 진지한 표정으로 말했다.

"이 강의는 실무에 바로 적용할 수 있는 강의입니다. 전설적인 서비스에 대해 배운 걸 어떤 방식으로든 현장에서 활용해, 여러분 자신과 동료들을 위해 더 나은 직장을 만들어가길 바랍니다. 여러분의 직장이 어떤 곳이든, 여러분이 관리자든 아니든 상관없습니다. 동료들과 고객들을 배려하고 정말로 돕고 싶다는 자세를 보임으로써 차이를 만들어낼 수 있는 사람은 다름 아닌 바로 여러분입니다."

하틀리 교수가 계속 말을 이었다.

"첫 번째 과제를 내주죠. 관계를 맺기만 하면 됩니다. 이 과제를 하려면 여러분은 이번 주 직장에서 세 가지에 집중해야 합니다. 고객들은 여러분을 통해서 서비스를 경험하기 때문에, 이 간단한 세 가지만 지키면 고객이 여러분에 대해 느끼는 기분을 바꿀 수 있습니다."

교수가 노트북을 두드리자, 숫자가 매겨진 세 문장이 화면에 나타났다.

> 1. 고객의 이름을 외우고 부르라
> 2. 판매와 상관없는 다른 얘기를 나눠라
> 3. 친절하게 대하라

"먼저, 고객의 이름을 외우고 최대한 이름을 자주 부르세요. 사람들은 자기 이름을 불러주면 매우 좋아합니다. 두 번째, 판매와 관련 없는 다른 얘기를 나누세요. 고객의 시계나 신발을 칭찬한다든지, 아니면 그날 하루가 어땠는지 물어보거나 날씨 얘기를 할 수도 있겠죠. 그리고 세 번째는 매우 간단하면서도 갈수록 보기 힘들어지는 건데요. 여러분, 친절하게 대하세요! 고객을 직접 대면한다면, 고객의 눈을 바라보고 진심 어린 미소를 지어 보이세요. 전화나 온라인으로 고객을 만난다면, 고객을 상대하는 여러분의 마음이 기쁘고 긍정적이라는 걸 확실하게 보여주세요.

모두 별로 어렵지 않게 할 수 있겠죠? 하지만 제가 원하는 건, 처음엔 신경 써서 의도적으로 해보되 결국은 습관으로 만들라는 겁니다. 지금 직장에 다니지 않는 분들은, 고객 입장에서도 이를 활용할 수 있다는 걸 기억하세요. 서비스를 받는 입장에 있을 때 이런 팁들을 활용한다면, 나중에 직장에 들어가서 고객을 만날 때 이런 과정이 자연스럽게 나올 겁니다.

이번 주까지 이 세 가지를 실천하고 어떤 일이 일어났는지 자세하게 써서 두 페이지짜리 보고서로 제출해주세요. 아마 놀라운 경험을 하게 될 겁니다. 첫 번째 고객을 만날 때부터 여러분이 일에 대해 느끼는 감정이 달라졌다는 걸 바로 알아차릴 테니까요. 기억하세요. 관계가 차이를 만든다는 걸."

참 쉽게 말하는군. 가방을 챙겨 강의실을 나서며 켈시는 생각했다. 교수가 말한 방법이 켈시가 일하는 대형 할인점 퍼거슨스에서도 통할지 의심스러웠다. 퍼거슨스에서는 언제나 직원이 부족했기 때문에, 고객과 더 많은 시간을 보내면 다른 일을 할 시간이 없었다. 진정한 차이를 만들기란 쉽지 않은 싸움이 될 듯했다.

차를 몰고 학교를 나오면서, 켈시는 배운 것에 대해 계속 생각해봤다. 하틀리 교수가 말한 방법들이 퍼거슨스의 관리자들에게도 유익할 수 있다는 건 켈시도 인정했다. 관리자들이 직원이나 고객을 대하는 방식엔 개선해야 할 점이 한두 가지가 아니었으며, 켈시는 그런 상황이 싫었다. 안타깝게도, 지난번 커피메이커를 환불하려고 했던 고객이 겪었던 일은 퍼거슨스에선 흔히 벌어지는 일이었다. 퍼거슨스 가정·사무용품 매장에서 일해온 지난 1년간 켈시는 짜증스런 기분으로 퇴근한 날이 많았으며, 다른 곳에서 일할 수 있기를 바랐다. 대학 등록금을 벌기 위해 파트타임으로 일하면서 할머니와 함께 살고 있는 자신의 처지가 답답하게만 느껴졌다. 하지만 의료 혜택을 받으면서도 학업과 병행할 수 있는 다른 일자리를 찾기란 불가능에 가까웠다. 이번 학기만 끝나면 경영학과 졸업장을 손에 쥐게 되는 건 정말 다행이었다.

앞으로 하틀리 교수의 강의에서 배울 내용들은, 켈시가 목표로 하는 유통관리 분야 진출에 도움이 될 것이다. 이대로 가면 퍼거슨스에서 정규직으로 전환되고, 나아가 신임 관리자도 될 수 있을 터였다. 직장을 옮기더라도, 퍼거슨스에서 쌓은 경험과 경력이 도움이 될 것이다. 퍼거슨스에서 일하는 동안 친한 사람들도 생겼고, 나쁜 날들 못지않게 좋은 날들도 있었다. 켈시의 최종 목표는 언젠가 자신의 업체를 창업하고 사람들이 신뢰하고 존경하며 함께 일하고 싶어하는 리더가 되는 것이었다. 그런 날이 오려면 아직 까마득하다는 걸 알고 있지만, 그래도 그런 생각이 켈시에겐 힘이 됐다.

▲ ▲ ▲

매주 월요일 아침에 열리는 가정·사무용품 매장 팀 회의에 늦지 않기 위해 켈시는 퍼거슨스 주차장을 서둘러 걸어가고 있었다. 그때 쇼핑백을 든 어떤 여성이 울고 있는 쌍둥이 아이들을 카시트에 앉히려고 끙끙대는 모습을 봤다. 회의에 늦을 수도 있기에 켈시는 잠시 망설였지만 고객을 도와주려고 멈춰 섰다.

"안녕하세요? 전 퍼거슨스 직원인 켈시라고 합니다."

켈시는 울고 있는 아이들 너머로 고객에게 인사했다.

"도움이 필요하신 것 같네요. 아이들을 태우기 편하시도록 제가 트렁크에 쇼핑백을 실어드릴게요."

켈시는 대답을 기다리지 않고 바로 쇼핑백을 받아 트렁

크에 실었다.

"아유, 고마워요."

어쩔 줄 모르던 고객이 쌍둥이 아이들을 챙기며 말했다.

켈시는 교수가 시도해보라고 했던 세 가지에 대해 생각했다. 고객의 이름을 묻기에 적당한 상황은 아닌 듯했지만, 잠깐이라도 얘기를 나눠보기로 했다.

"이렇게 일찍 나와 쇼핑을 끝내시다니 잘하셨어요. 복잡하지 않을 때 쇼핑하는 좋은 방법인 것 같아요."

이제 쌍둥이를 카시트에 모두 앉히고 난 고객이 빙그레 웃었다.

"세 시간이나 있었는걸요. 그런데 이제야 겨우 계산대 하나가 열렸지 뭐예요. 사람들이 줄을 길게 서는 바람에 한참을 기다렸어요. 아이들 낮잠 잘 시간도 지나버렸네요."

"죄송합니다. 짜증나셨겠어요. 제가 도와드릴 일은 없을까요?"

"아네요. 도와주셔서 고마워요. 덕분에 퍼거슨스에 대한 믿음이 다시 생겼네요."

고객이 차에 올라탔다.

"좋은 하루 보내세요!"

손을 흔들며 인사한 켈시는 빈 카트를 밀며 건물 쪽으로 뛰기 시작했다.

켈시는 멈춰 서서 돕기를 잘 했다고 생각했다. 고객이 계산대에서 긴 줄을 기다리느라 짜증스러웠다는 말을 했을 때 더욱 그랬다. 고객의 상한 마음을 되돌리기 위해서라면 회의에 지각하지 않는 일쯤은 희생할 가치가 있다고 생각했다. 이거야말로 관계 맺기의 전부가 아닐까?

회의실에 들어가면 팀장인 스티븐 워커가 한마디 하리라고 켈시는 생각했다. 그는 시간을 정확히 지키는 사람이었고, 좋은 의도를 지닌 좋은 관리자였다. 그는 언제나 켈시의 학교 시간에 맞게 교대 시간을 조정해줬으며, 마치 회사에 살림을 차린 것처럼 보일 만큼 늦게까지 일을 했다.

켈시가 최대한 조용히 회의실에 들어서자 예상대로 스티븐이 소리쳤다.

"켈시 왔군! 반갑네."

"죄송합니다."

켈시는 나중에 그에게 늦은 이유를 설명할 작정이었다.

주간 판매실적과 직원 근무일정이 적힌 서류를 훑어보고 나서 스티븐이 고개를 들었다.

"다들 알다시피, 몇 달 후면 숍스마트가 바로 길 아래쪽에 지점을 열 겁니다. 그럼 우리 고객 가운데 상당수가 그쪽으로 가겠죠. 우리 고객들을 퍼거슨스에 잡아둘 수 있는 효과적인 방안을 마련해야 합니다. 경영진은 빨리 어떤 대책을 마련하지 못하면 우리들 가운데 상당수는 다른 일자리를 찾아봐야 할지도 모른다고 넌지시 말하더군요. 그래서 여러분의 생각을 꼭 좀 들어봐야겠어요. 더 나은 서비스를 제공하기 위해 우리가 오늘 당장 시작할 수 있는 좋은 아이디어 있는 사람 없나요?"

아무도 대답하는 사람이 없자 켈시가 손을 들었다.

"제가 다니는 주립대학에서 고객 서비스 강의를 막 듣기 시작했는데요, 교수님이 고객의 욕구가 왜 최우선이 돼야 하는지 말씀해주셨어요. 고객 충성을 이끌어낼 수 있기 때문이라고요. 사실 제가 늦은 이유도 그 때문입니다. 주차장에서 우는 아이 둘을 데리고 차에 짐을 싣기 위해 쩔쩔매는 고객을 도와주느라 늦었어요."

"지각에 대한 꽤 그럴듯한 변명이구만. 좋아요, 이번만 봐주죠."

스티븐이 능글맞게 웃으며 말했다.

"교수가 뭐 다른 얘기는 안 했나요?"

"고객 서비스에서 중요한 건 관계 맺기고, 그걸 위해 지켜야 할 세 가지가 있다고 하셨어요. 그 세 가지가 고객들이 우리에 대해 느끼는 기분을 크게 바꿀 수 있다고 하셨죠."

"세 가지 방법이라…… 어디 한번 들어볼까요?"

스티븐이 관심을 보이는 듯했다.

"첫 번째는 고객의 이름을 외우고 고객과 얘기할 때 이름을 부르는 거예요. 사람들은 자기 이름을 불러주면 좋아하거든요. 그리고 두 번째는, 어……."

켈시는 잠시 생각이 막혔다.

"아, 두 번째는 물건 파는 일과 아무 상관없는 대화를 나누는 거예요. 가령 고객의 아이들이나 주말 계획에 대한 얘기 같은 거요. 물건을 파는 대상이 아니라 인간 대 인간으로 관심이 있다는 걸 보여주는 거죠. 그리고 세 번째는 그냥 친절하게 미소 짓는 거예요. 친절한 얼굴을 하는 거죠."

"맘에 들어요!"

스티븐은 박수를 치며 열광적으로 소리쳤다.

"다들 알겠죠? 이건 간단한 일이에요. 고객의 이름을 알아내서 고객을 응대할 때 이름을 부르며 말하세요. 그리고 판매와 상관없는 얘기를 나누면서 조금이라도 관계를 맺어보고, 그런 다음 미소를 짓고 고객에게 집중하는 거. 다들 오늘 당장 그렇게 할 수 있겠죠? 아니, 오늘로 그치지 말고 일주일 내내 그렇게 해봐요!"

몇 명이 알겠다는 듯 고개를 끄덕였다. 스티븐은 회의를 끝내고 매장의 하루를 시작했다.

스티븐이 자신의 제안을 적극적으로 받아들이자 켈시는 용기가 생기는 것 같았다. 숍스마트에 대한 소문이 들려오기 시작하고부터 직원들이 그쪽으로 옮겨가려 한다는 얘기를 들어오던 참이었다. 켈시는 스티븐이 고객 서비스 실천 방안을 제시한 것이 직원들의 마음을 되돌리는 데 도움이 되길 바랐다. 퍼거슨스를 떠날 생각을 하기보다는, 모든 직원이 고객을 지키고 퍼거슨스의 근무환경을 더 행복하게 만드는 방법에 대해 고민하기 시작할지도 모를 일이었다.

켈시는 직원 휴게실에서 상의에 이름표를 달고 매장으로 향했다. 하틀리 교수가 원하는 건, 우리가 배우는 걸 현장에 적용해보는 거야. 켈시는 생각했다. 아침에 한 번 해봤으니, 오늘 하루 동안 시도해보고 하틀리 교수 말대로 정말 차이가 생기는지 봐야겠어.

통로를 따라 걸어가던 켈시는 개학준비용품 코너 앞에서 한 여성이 손에 든 종이쪽지를 내려다보며 서 있는 걸 발견했다. 그녀에게 다가간 켈시는 '브렌던의 기숙사용품'이라고 휘갈겨 쓴 쪽지에 목록이 적혀 있는 걸 봤다.

"찾으시는 거 있으면 도와드릴까요?"

켈시가 고객에게 물었다.

"아, 네."

쪽지에서 고개를 든 여성이 멋쩍은 웃음을 지으며 대답했다.

"우리 아들이 이번에 대학에 입학해서 필요한 게 많네요. 그런데 이 녀석이 요새 아르바이트 때문에 바빠서, 제가 대신 준비해주기로 했거든요."

그러고는 고개를 저으며 말했다.

"이제 다 커서 내 곁을 떠난다니 실감이 안 나요."

켈시는 고객의 심정을 이해할 수 있다는 미소를 지어 보였다.

"그 맘 알 것 같아요. 저희 엄마도 제가 대학에 가느라 여기 할머니 댁으로 옮겨왔을 때 슬퍼하시더라고요. 그래도 아드님이 공부를 계속하기로 결정해서 기쁘셨을 것 같아요.

저희 엄마도 그러셨거든요."

"아, 정말 기쁘죠. 그애가 평생 우리 집 소파에 늘어져 TV나 보는 걸 원하진 않아요. 그냥 멀리 떠난다고 생각하니 섭섭해서 그래요. 사실 이렇게 그애를 도와줄 수 있다는 게 즐겁답니다. 저 좀 도와주실 수 있죠?"

"그럼요. 도와드릴 수 있어서 저도 기쁜걸요. 전 켈시라고 합니다."

고객이 이름을 알려주길 바라며 켈시는 자기 이름을 소개해봤다.

"전 다이앤이에요."

고객이 미소를 지으며 대답했다. 켈시는 다이앤과 함께 매장 이곳저곳을 돌아다니며 침구류와 학용품, 컴퓨터 액세서리에서 전자레인지까지 많은 물건을 쇼핑 카트에 담았다. 목록에 있는 모든 품목을 비롯해 그 밖의 몇 가지 물품까지 담고 나서 켈시가 한 가지 제안을 했다.

"요즘 대학생활 잘하는 법에 관한 책을 구입하시는 분들이 많답니다. 공부나 시간 관리법을 담고 있는 책이죠. 대학생활 잘하라는 의미로 아드님께 드리면 멋진 선물이 될 것 같은데요."

"정말 좋은 생각이네요. 그렇지 않아도 우리 아들이 대학 생활을 잘 할 수 있을지 좀 걱정하는 눈치더라고요. 물론 제게 그런 말을 한 건 아니지만요."

다이앤이 웃으며 말했다.

"걱정 마세요. 얼마 안 지나 대학생활에 완전히 적응할 거예요. 그러고선 엄마가 보고 싶다, 엄마가 해준 밥이 먹고 싶다, 뭐, 그럴걸요?"

그렇게 말하고 나서 켈시는 서둘러 서적 코너로 갔다. 책 한 권을 들고 돌아왔을 때, 다이앤이 다시 웃음을 지었다.

"고마워요, 켈시. 이런 책을 사줘야겠다는 생각은 하지도 못 했어요."

켈시에게 책을 건네받으며 다이앤이 말했다.

"바쁠 텐데 이렇게 빠짐없이 다 찾을 수 있도록 도와줘서 정말 고마워요. 덕분에 브렌던이 대학생활을 잘 할 수 있도록 제대로 준비했네요."

다이앤은 잠시 말을 멈췄다.

"솔직히 퍼거슨스에서 이런 서비스를 받으리라곤 기대하지 않았거든요. 그런데 켈시는 시간을 아끼지 않고 진심으로 배려하고 도와줬어요."

"도움이 되셨다니 저도 기쁩니다."

미소와 함께 켈시가 대답했다. 다이앤이 손을 뻗어 흔들었다.

고객과의 상호작용을 아주 잘 했다고 느낀 켈시는 다른 고객들에게도 똑같이 인격적으로 배려하는 방법을 시도해 보기로 마음먹었다. 결국 켈시는 그날 근무가 끝날 때까지 모두 여섯 명의 고객들에게서 도와줘서 고맙다거나 그녀의 서비스를 특별히 칭찬하는 말을 들었다. 그 무엇보다 놀라웠던 것은, 고객과 상호작용하는 가운데 켈시 자신이 말할 수 없이 기분이 좋았다는 사실이다. 하틀리 교수가 얘기했듯이 말이다. 정말이지 이날은 켈시가 이제껏 직장에서 경험했던 최고의 날들 가운데 하나였다.

배려를 파는
가게들

다음 날 아침, 학교 주차장에서 주차할 곳을 찾던 켈시는
스티븐이 직원들에게 숍스마트를 이길 방법을 고민하라고
주문했던 일을 떠올렸다. 켈시는 하틀리 교수가 했던 말, 즉
회사가 직원들을 배려하면 직원들은 고객을 배려하고 그러
면 고객은 다시 찾아오고 싶어 한다는 말에 대해서도 생각
했다. 그 말을 들었을 때 품었던 의문이 다시 떠올랐다. 정
말 그렇게 간단할 수 있을까?

그리고 잠시 후, 하틀리 교수의 강의는 마치 켈시의 마음
을 꿰뚫어보는 듯했다.

"위대한 기업과 평범한 기업의 차이는 무엇일까요?"

하틀리 교수가 물었다. 아무도 대답하는 사람이 없자, 교수가 말했다.

"좋아요, 제가 말씀드리죠. 위대한 기업은 자신이 고객을 배려한다는 사실을 고객에게 알리는 방법을 터득한 기업입니다. 또한 위대한 기업은 상품을 구매하는 사람들인 외부 고객뿐만 아니라 내부 고객, 즉 직원과 관계 맺는 일도 중요하다는 걸 아는 기업입니다. 지난 시간에 말한 세 가지 포인트처럼, 관계에 초점을 맞추면 기업은 가장 강력한 경쟁우위를 확보하게 됩니다. 간단한 조사를 통해 이를 보여드리겠습니다."

교수는 칠판에 네모를 그린 다음, 그 안에 1에서 10까지의 숫자를 써넣었다.

1 2 3 4 5 6 7 8 9 10

"지난 한 주 동안 여러분이 했던 모든 일이나 갔던 장소에 대해 생각해보기 바랍니다. 마트나 온라인에서 쇼핑을 하거나, 최신 기종으로 휴대전화를 바꾸거나, 영화를 보거나, 식당에 가거나, 아니면 세탁소에 가거나, 뭐 그런 것들 말입니다. 이제 거기서 여러분이 받았던 서비스에 대해 생각해보세요. 여러분이 받았던 서비스의 평균을 낸다면, 몇 점에 해당되나요? 점수 1은 최악의 서비스를 의미하고, 10은 여러분이 록 스타처럼 대접받았다는 걸 의미합니다. 점수를 떠올렸으면, 칠판 앞으로 나와 점수에 표시를 해보세요."

학생들이 모두 자리로 되돌아가 앉은 다음에 교수가 말했다.

"자, 여러분이 한 표시들이 어디쯤에 많이 몰려 있죠?"

"5요."

몇몇 학생이 소리쳤다.

"그렇다면 여러분은 5점이 어느 정도의 점수라고 말하겠어요?"

"평균이요."

"자, 여러분은 어떨지 모르겠지만, 저 같으면 평균 정도를 자랑하진 않습니다. 누구 그런 사람 있나요?"

학생들이 고개를 흔들었다. 몇몇은 작은 소리로 웃었고, "아니요"라고 말하는 학생도 있었다.

"이제 여러분의 직장을 생각해보십시오. 고객들이 여러분의 직장에서 받는 서비스에 점수를 매긴다면, 몇 점을 줄 것 같나요?"

많은 학생들이 또다시 "5"라고 외쳤다. 켈시가 들은 단 하나의 예외는, 자기 일을 사랑한다고 했던 세 명 가운데 하나인 어느 여학생이 외친 "9"였다.

"여러분 대부분이 고객에게 그저 평균 정도의 서비스를 제공하는 회사에서 일한다고 생각하고 있군요. 그런데 사업을 계속 이어갈 생각이 있는 CEO라면, 과연 그 정도 점수면 괜찮다고 여길까요? 아마 대부분의 기업은 고객의 눈에 전설적인 기업으로 비치고 싶어 할 겁니다. 그건 여기서 10점을 의미합니다. 그렇다면 전설적인 서비스를 어떻게 정의해야 할지 알아봅시다."

하틀리 교수는 노트북 화면 속의 문장을 읽었다.

전설적인 서비스:
기업의 경쟁력이 되는 이상적인 서비스를
지속적으로 제공해 고객들이 계속 찾아오게 하는 것

"간단히 말하면, 고객을 배려함으로써 기업은 전설적인 서비스를 달성할 수 있습니다."

켈시는 아들을 대학에 보내는 엄마 다이앤을 떠올리며 미소를 지었다. 다이앤은 켈시에게 진심으로 배려해줘서 고맙다고 했다.

"다음 과제는, 여러분이 쇼핑하러 간 곳이나 일하는 곳에서 직원이 누군가를 배려해준 사례를 5분짜리 프레젠테이션으로 만들어 수업시간에 발표하는 겁니다. 잘 살펴보면, 5분쯤은 충분히 채울 수 있는 다양한 사례를 발견할 수 있을 겁니다."

하틀리 교수의 말에 켈시는 자신이 좋은 출발을 했다는 기분이 들었다. 퍼거슨스에서 일한 지 1년밖에 안 됐지만, 퍼거슨스에 변화를 일으키는 데 내가 기여할 수 있을 것 같다는 생각이 들어.

어림없는 일일까? 관리자도 아니고 그저 파트타임 직원일 뿐인 켈시가 퍼거슨스에서 긍정적인 고객 서비스 문화를 만드는 데 기여할 수 있을까?

켈시는 주위에서 사례를 찾아보는 것뿐만 아니라 스스로 고객과 함께 사례를 만들어보겠다고 결심했다. 스티븐의 도움을 받아 팀원들에게 하틀리 교수의 가르침을 계속 전달할 수 있다면, 고객들이 퍼거슨스의 서비스가 개선되고 있음을 알아차리게 될지도 모를 일이었다. 켈시는 어느새 자신이 출근을 기다리고 있음을 깨달았다.

▲ ▲ ▲

학교에서 집으로 가는 길에 켈시는 할머니의 혈압약을 받기 위해 약국에 들렀다. 1년 이상 그 약국에 들렀지만, 피곤에 지쳐 보이는 약국 직원 비앙카는 늘 켈시를 생전 처음 보는 사람인 양 대했다. 위대한 고객 서비스를 찾아내리라는 생각에 고무된 켈시는 오늘부로 비앙카를 자기편으로 만들어보겠다고 결심했다.

켈시가 카운터로 다가갔을 때, 비앙카의 이름표 밑에 파란 리본이 달려 있는 게 보였다. 리본에는 '와우(WOW)'라는 글자가 수놓아져 있었다.

"무엇을 도와드릴까요?"

비앙카는 따분함이 역력한 표정으로 켈시를 쳐다보며 단조로운 목소리로 물었다.

"안녕하세요, 비앙카. 다시 보니 반갑네요. 잘 지내죠?"

켈시는 미소를 지으며 물었다.

"네."

비앙카가 여전히 무표정한 얼굴로 대답했다. 켈시는 잠시 말을 멈췄다가 물었다.

"음, 저기…… 캐서린 윌슨 씨 약 준비됐나요?"

비앙카는 돌아서더니 W자가 쓰인 바구니에서 흰 봉투를 꺼낸 다음, 다시 켈시에게 돌아서서 봉투를 건네줬다.

"4달러입니다."

지갑을 뒤져 5달러짜리 지폐를 꺼낸 켈시는 여전히 미소를 지으며 비앙카에게 돈을 건넸다.

"연금으로 생활하시는 저희 할머니한테 이렇게 할인된 가격으로 약을 살 수 있는 건 정말 좋은 일이에요."

켈시는 대화를 이어가려 애쓰며 쾌활하게 말했다.

"그런데 리본에 쓰인 '와우'는 무슨 뜻이에요?"

비앙카는 자기 이름표 밑의 리본을 내려다봤다.

"아, 이건 고객이 '와우' 할 정도로 잘해야 한다는 걸 잊지 말라고 단 거예요."

비앙카는 눈을 굴리며 살짝 고개를 저었다. 금전등록기

의 버튼을 누른 다음 지폐를 넣고 켈시에게 거스름돈과 영수증을 건넨 비앙카는 로봇 같은 음성으로 말했다.

"저희 약국을 이용해주셔서 감사합니다. 또 오세요."

비앙카는 곧바로 고개를 옆으로 기울여 켈시 뒤에 선 손님을 향해 단조롭게 말했다.

"다음 분이요."

와우, 역설적이게도 켈시는 바로 그 단어를 떠올렸다. 고객이 '와우' 하고 감탄하게 하라고 직원에게 지시하거나 가슴에 리본을 다는 일 따위로는 마법처럼 위대한 서비스가 일어나게 할 수 없는 게 분명했다. 집으로 차를 몰고 가면서 켈시는 전설적인 서비스를 찾아내거나 만들어내는 일이 생각보다 쉽지 않겠다고 생각했다.

▲ ▲ ▲

집에 도착해 현관 계단을 오르면서 켈시는 기분이 좋아졌다. 켈시가 올 때면 할머니는 늘 유쾌한 이야깃거리를 준비해놓고 있었기 때문이다.

"할머니, 저 왔어요!"

언제나처럼 켈시가 소리쳤다. 그런데 아무 대답이 없었다. 할머니는 운전을 하지 않았고 누굴 만난다는 말도 없었기 때문에 켈시는 할머니가 집에 없을 리 없다고 생각했다.

"할머니?"

켈시는 좀 더 크게 소리치며 이 방 저 방을 급히 둘러보기 시작했다. 부엌 가까이에 이르렀을 때, 켈시의 이름을 나지막이 부르는 할머니의 목소리가 들렸다. 부엌에 들어서자 할머니가 바닥에 누워 있는 게 보였다. 켈시가 할머니 곁으로 뛰어갔다.

"어머나, 할머니! 괜찮으세요?"

"어…… 그래, 괜찮다."

할머니가 더듬거리며 말했다.

"정말 아무 일도 아니다. 좀 전에 싱크대 앞에 깔아놓은 매트에 걸려 넘어졌지 뭐냐. 딱 광고에 나왔던 것처럼 돼버렸어. 혼자 일어설 수가 없을 것 같구나. 아이고, 칠칠맞지 못하게 이게 뭐람!"

할머니를 일으키려던 켈시의 눈에 이미 멍들어 부어오른 할머니의 왼쪽 손목이 보였다. 병원에 가야겠다고 말하고 나서 켈시는 할머니와 함께 응급실로 향했다.

팔목을 약간 접질렸다고 진단한 의사는 앞으로 2~3일간 주의해야 할 지침이 적힌 종이를 주고 할머니의 손목에 끼웠다 벗겼다 할 수 있는 보호대를 씌워줬다.

"보호대는 가능한 한 많이 착용하고 계세요."

의사가 할머니에게 말했다.

"무브라이트 물리치료병원을 소개해드릴 테니, 부기가 빠지고 나면 가실 수 있도록 다음 주 초쯤으로 진료 날짜를 잡으세요. 거기서 물리치료를 해드릴 거예요."

그런 다음 의사는 켈시를 향해 이렇게 말했다.

"아마 두 분 모두 그 병원을 좋아하실 거예요. 그 사람들, 물리치료 전문가들일 뿐만 아니라 환자들을 정말 잘 배려하거든요."

흠…… 또 그 단어가 나왔네! 켈시는 생각했다.

집으로 돌아온 켈시는 할머니에게 차 한 잔을 드리고 의자에 편안히 앉도록 도운 다음 무브라이트 물리치료병원에 전화를 걸었다. 5시가 넘었기 때문에 켈시는 이미 문을 닫았으리라 생각했지만 메시지라도 남겨놓고 싶었다.

두 번째 신호음이 들렸을 때, 친절한 음성이 들려왔다.

"안녕하세요. 무브라이트 병원에 전화 주셔서 감사합니

다. 제 이름은 바버라입니다. 무엇을 도와드릴까요?"

"어머! 이 시간에 전화를 받는 분이 계실 줄 몰랐어요. 저희 할머니 진료 날짜를 예약하려고 전화했는데요. 오늘 손목을 접질리셨거든요."

켈시가 설명했다.

"다치셔서 놀라셨겠네요. 저희가 도와드릴 수 있다면 좋겠습니다."

바버라가 말했다.

"저희 병원은 직장에 다니시는 환자분들을 위해 일주일에 사흘은 저녁 7시까지 진료를 하고 있습니다. 할머님을 위해서 언제가 가장 좋을지 봐드리겠습니다."

필요한 모든 정보를 물어본 다음, 바버라는 다음 주 월요일 늦은 오후로 예약을 잡아줬다.

"손목의 부기가 충분히 가라앉은 다음에 치료를 시작해야 하거든요. 그러니 보호대를 잘 착용하도록 하세요. 그럼 다음 주 월요일에 뵙겠습니다."

바버라가 말했다.

"정말 감사합니다."

켈시는 전화를 끊고 나서 미소를 지으며 할머니를 돌아

봤다.

"정말 친절하네요. 저나 할머니나 이 병원을 좋아하게 될 것 같아요."

▲ ▲ ▲

다음 날 아침, 매장에서 켈시는 선반에 제품을 진열하던 팀원 두 명이 나누는 얘기를 우연히 듣게 됐다. 에이미가 투덜거렸다.

"손님들이 자꾸 이것저것 물어보는 바람에 물건 진열하는 시간이 세 배는 더 걸리네. 돌아다니면서 스스로 찾아보면 어디 덧나나? 아무도 그렇게 하는 사람이 없어."

롭이 대꾸했다.

"내 말이. 지난번에 스티브 팀장님이 나보고 일부러 일을 천천히 한다고 막 뭐라 그러더라고. 그런데 사실은 손님들 도와주느라 일이 자꾸 지체됐던 거거든. 결국 일을 다 못 끝냈어."

켈시는 두 사람에게 다가가 나지막이 속삭였다.

"친구들, 잊지 마. 우리가 고객을 배려한다는 걸 계속 보여줘야 한다는 거 말이야. 그래야 숍스마트에 고객을 뺏기지 않지."

롭은 켈시를 쳐다봤다.

"하! 여기 관리자들은 날 배려하는 거 같지 않거든? 난 열심히 일하고 하라는 대로 다 하는데 '고마워, 롭' '정말 잘했어, 롭' 이런 말 한 번쯤 해줄 수 있는 거 아냐? 전혀 없어. 난 내가 그냥 부속품처럼 느껴진다고. 그런데 왜 내가 고객을 배려하느라 애써야 하는데?"

에이미도 동의한다는 듯 고개를 끄덕였다.

"내가 듣기론 숍스마트는 우리하고 월급은 똑같은데 직원들 대접은 더 잘 해준대. 난 거기로 옮길까 생각 중이야."

켈시는 롭과 에이미의 말이 일리 있다는 걸 인정하지 않을 수 없었다. 퍼거슨스의 간부들은 그들이 직원을 배려한다는 걸 보여줄 만한 그 어떤 일도 하지 않았다. 하틀리 교수의 말이 떠올랐다. 외부 고객뿐만 아니라 내부 고객과의 관계에 초점을 맞추면 조직은 가장 강력한 경쟁우위를 확보하게 된다. 외부 고객뿐만 아니라 내부 고객, 즉 직원의 마음을 얻어 다른 데로 떠나지 않게 하려면 퍼거슨스 관리자들은 해야 할 일이 정말 많았다.

▲ ▲ ▲

켈시가 오후에 집에 돌아오니 할머니가 손에 지갑을 든 채 거실에 서 있었다.

"다녀왔어요, 할머니. 뭐 하고 계세요?"

할머니 얼굴에 나타난 장난기 어린 표정을 재미있게 바라보며 켈시가 물었다.

"우리 켈시, 일하느라 너무 힘들지? 자, 지금 바로 같이 나가자. 내가 저녁 사주마. 네가 좋아하는 주세페스에 예약을 해뒀단다."

"할머니, 그러실 필요 없어요."

켈시가 부드럽게 사양했다.

"너도 알다시피 내가 널 놀라게 해주는 거 좋아하잖니. 그럴 때마다 너도 맞장구 잘 쳐주고."

할머니가 말했다.

"게다가 난 집 밖으로 좀 나가야겠다. 이 접질린 손목 때문에 환자가 돼버린 기분이야. 기분 전환 좀 해야겠어. 물론 운전은 네가 해야 할 거다."

"좋아요. 할머니가 정 그렇게 고집을 부리신다면!"

켈시가 웃으며 뒤로 돌아 현관까지 행진하듯 걸어나가자 뒤에서 할머니가 문을 닫고 나왔다. 잠시 후 작은 이탈리아 레스토랑에 들어섰을 때, 마늘과 마리나라 향이 너무 진해서 켈리는 눈으로도 그 향을 볼 수 있을 것만 같았다.

"윌슨 부인! 켈시 양! 다시 뵙게 돼 정말 반갑습니다. 너무 오랜만에 오셨네요."

접수대에 서 있던 검은 머리의 레스토랑 주인 주세페가 인사를 했다. 그는 메뉴판 두 개를 집어든 다음, 팔을 부드럽게 돌려 자리를 안내했다.

"창가 자리로 안내해드리겠습니다. 제가 기억하기론, 윌슨 부인께서는 지나가는 사람 보는 걸 좋아하시잖아요."

"어머나, 주세페 씨, 어떻게 그런 것까지 기억하우?"

할머니가 밝은 표정으로 물었다.

"사소해 보이는 게 가장 중요하기도 한 법이죠."

주세페가 미소를 지으며 대답했다.

"그럼 오늘의 스페셜 요리를 말씀드리겠습니다……."

저녁식사 내내 레스토랑 직원들은 켈시와 할머니에게 전설적인 서비스란 무엇인가를 몸소 보여줬다. 주인이 먼저 이름을 부르며 고객을 맞이하고 고객이 좋아하는 자리를 기억했을 뿐만 아니라, 웨이터는 세심하고 우아했으며, 웨이터의 조수들은 제때 물컵과 빵 바구니를 채웠다. 언제나처럼 음식은 훌륭했으며, 적어도 이틀은 안 먹어도 될 만큼 양도 풍족했다.

켈시와 할머니가 레스토랑을 나설 때쯤에는 금요일 저녁 손님들이 최고조에 달해 사람들이 인도 아래까지 줄을 설 정도였다. 켈시는 전에 주세페가 했던 말을 떠올렸다. 그는 레스토랑을 확장하거나 다른 곳에 지점을 낼까도 생각했지만, 지난 수년간 쌓아올린 서비스에 대한 평판이나 가족 같은 분위기를 잃고 싶지 않아 생각을 접었다고 했다.

위대한 고객 서비스야말로 사업 성공의 핵심이라는 확신이 켈시의 마음속에 어느 때보다도 더 크게 자리 잡았다.

고객으로부터 온
편지 한 통

다음 주 월요일 아침, 스티븐은 기쁜 소식으로 회의를 시작했다.

"지난주 고객 한 분이 우리 팀 직원의 서비스를 칭찬하는 편지를 점장님께 보냈습니다. 그 편지를 여러 번 읽어봤는데, 얼마나 기분이 좋고 자랑스러웠는지 몰라요. 그리고 한 가지 깨달은 건, 내가 팀장으로서 여러분의 마음속에 바로 그런 자긍심을 심어줄 수 있는 위치에 있다는 사실이었어요. 그런데 생각해보니, 내가 그런 일을 썩 잘해오지 못한 것 같더군요."

스티븐은 자신의 취약한 면을 드러내는 사람이 아니었다. 그래서 켈시는 감명을 받았다.

"내가 여러분에게 고객에 좀 더 집중하고 친밀한 관계를 맺으라고 부탁했죠? 그건 여전히 중요한 우리 목표예요. 하지만 우린 가능한 한 서로를 배려하고 고객을 대하듯 서로를 대해야 한다는 사실도 잊지 말아야 해요. 나 역시 그런 부분에서 여러분과 다르지 않고. 그래서 난 앞으로 우리가 담당하는 매장에서 벌어지는 좋은 사례들, 가령 선반에 제품이 잘 진열되고 통로가 깨끗하다거나 여러분이 서로 돕고 고객을 더 세심하게 배려하는 것 같은 좋은 일들을 좀 더 유심히 살펴볼 작정입니다. 다시 말하면, 여러분이 잘하는 일에 더 주목하겠다는 뜻입니다. 여러분 모두 우리 고객이 받는 것과 똑같은 배려와 관심을 받을 자격이 있어요."

스티븐의 말에 팀원들은 모두 고무된 듯했다. 스티븐이 말하는 동안 서로 소곤거리기도 하고 미소를 짓기도 했다.

"지난 몇 주간 우리 팀의 실적은 매우 좋았어요. 작년 이맘때와 비교해도 훨씬 좋으니 아주 훌륭하죠. 개학 준비 캠페인이 진행되면서, 가정·사무용품 매장이 퍼거슨스에서 제일 바쁜 매장 가운데 하나가 됐어요. 재고가 잘 갖춰지고 고객이 필요한 제품을 찾을 수 있도록 여러분 모두 열심히 일한 덕분이에요. 여러분이 정말 일을 잘해내고 있다고 생각합니다. 꽤 오랫동안 우리 팀엔 고객 불만도 없었을 뿐만 아니라 이젠 칭찬까지 받았으니까. 실은, 내가 아까 말했던 그 편지를 함께 나누고자 합니다. 편지 내용은 여러분의 팀 동료인 켈시 영에 대한 얘기입니다."

스티븐이 큰 소리로 편지를 읽기 시작했을 때 켈시는 놀라움을 감출 수 없었다.

퍼거슨스 점장님께

최근에 저는 대학으로 떠나보내는 아들을 위해 여러 가지 구입할 게 있어서 퍼거슨스를 찾았습니다. 제가 이렇게 편지를 쓰는 이유는, 퍼거슨스의 켈시라는 직원이 제가 필요한 것들을 찾는 데 얼마나 많은 도움을 줬는지, 아니 더 중요한 건, 제가 어떤 기분을 느끼게 해줬는지 말씀드리고 싶어서입니다.

저는 아들이 곧 제 곁을 떠난다는 생각에 좀 울적한 상태였는데, 켈시는 그런 제 맘을 잘 알고 공감해줬습니다. 처음 쇼핑을 시작할 때와 달리 그녀 때문에 유쾌하고 즐거운 기분으로 쇼핑을 마칠 수 있었습니다. 켈시는 제가 구입하려던 품목을 모두 찾을 수 있도록 도와줬을 뿐만 아니라, 제가 미처 생각하지 못 했지만 아들에게 꼭 필요할 만한 것을 준비할 수 있도록 멋진 아이디어도 줬습니다. 그녀는 친절하고 참을성 있게 저를 도와줬으며, 저의 처지까지 배려해줬습니다. 책임자분들도 켈시가 퍼거슨스를 얼마나 훌륭하게 대변하고 있는지 알고 싶어 하시리라 생각했습니다. 그건 평소에 퍼거슨스에서 기대하던 그 정도의 서비스가 아니었습니다. 앞으로도 쇼핑할 일이 있으면 당연히 퍼거슨스로 갈 생각이며, 제 경험을 친구들에게도 얘기해주려 합니다.

— 다이앤 에르난데스

"아주 잘 했어요, 켈시."

스티븐이 말했다.

"우리 팀뿐만 아니라 퍼거슨스 전체를 빛나게 해줘서 고마워요."

스티븐이 팀원들 앞에서 편지를 읽는 바람에 몹시 민망하긴 했지만, 켈시는 자랑스러운 기분이 들었다. 동료들이 자신도 그 정도의 인정은 받을 수 있다고 생각한다면, 그들이 솔선해서 고객을 돕도록 동기를 부여하게 될 것이었다.

"좋아, 그럼 이제 업무 얘기로 들어가죠."

스티븐이 박수를 치며 말했다.

"자, 우리가 함께 힘을 모아 숍스마트를 이길 수 있는 멋진 아이디어가 떠오른 사람 없나요?"

누군가가 나서서 말하지 않을까 하고 다들 두리번거리기만 했다. 숨죽여 웃거나 소곤거리는 몇 사람을 빼면, 회의실에는 길고 어색한 침묵만 흘렀다.

"어라? 아무도 없어요?"

눈에 띄게 실망하는 표정으로 스티븐이 물었다.

"난 다들 이때다 하고 저놈들에게 펀치를 날리기 위해 뛰어들 줄 알았는데? 여러분의 투지는 다 어디로 간 거죠?"

스티븐은 애써 미소를 지었지만, 또다시 회의실은 침묵에 빠졌다.

켈시는 손을 들어 자신의 생각을 말하고 싶었지만, 다이앤의 편지 때문에 동료들이 자기를 잘난 체하는 사람으로 볼지도 모르겠다고 생각했다. 그래서 그녀도 다른 사람들과 마찬가지로 조용히 있었다.

"좋아, 그럼 일을 시작하자고. 고객이 먼저라는 걸 잊지 말아요."

스티븐이 손을 흔들며 말했다. 다들 재빨리 회의실을 빠져나갔지만, 켈시는 뒤에 남았다. 그녀는 스티븐에게 미안함을 느꼈고, 그가 애쓰고 있다는 걸 알 수 있었다.

"편지 읽어주셔서 감사합니다. 한 장 복사해도 될까요? 저희 할머니한테 보여드리면 굉장히 좋아하실 것 같아서요."

"물론이지."

스티븐이 미소를 지으며 켈시에게 편지를 건넸다.

"원본은 꼭 돌려줘요. 네 파일에 넣어둘 거니까."

여전히 스티븐의 마음이 너그러운 상태인 듯 보였기 때문에, 켈시는 좀 전에 생각했던 아이디어를 얘기해보기로 마음먹었다.

"지난주에 제가 듣는 고객 서비스 강의에 대해 말씀드렸던 거 기억하세요? 경영학 학위를 따려면 꼭 들어야 하는 과목이에요. 그리고 외부 고객뿐만 아니라 내부 고객에게도 배려한다는 걸 보여줘서 관계를 형성하는 일이 얼마나 중요한지를 알게 해준 강의죠."

"그래, 맞아요. 그리고 켈시가 몇 가지 좋은 아이디어도 알려줬지."

관심을 보이며 스티븐이 말했다.

"편지를 봐도 알 수 있는 것처럼, 켈시가 학교에서 배운 내용들을 여기서 실제로 적용해보고 있는 게 틀림없는 것 같군."

"바로 보셨어요. 이젠 고객에게 감동을 주려고 노력하는 일이 즐겁기까지 하다는 걸 깨닫는 중이에요. 정말로 제가 훨씬 즐겁게 일을 하는 데 도움이 돼요. 예를 들면, 진부하게 들릴지 모르지만, 어떤 날은 제가 대하는 모든 고객을 미소 짓게 만들겠다는 목표를 세운 적도 있었죠."

스티븐은 놀란 표정이었다.

"훌륭해. 그런 게 바로 윈윈 아니겠나?"

두 사람 모두 웃음을 터뜨렸다. 스티븐의 기분이 더 밝아진 듯했다.

"그런 새로운 열정을 품었다니 정말 좋군. 다른 팀원들도 똑같은 열정을 갖도록 켈시가 날 도와줄 수 있다면 좋을 텐데. 켈시가 배우는 것들을 나한테도 계속 알려줘요. 켈시의 긍정적인 시각을 팀 전체로 확산시킬 수 있도록. 우리가 퍼거슨스를 위한 일종의 연구실험실이 되는 거지. 숍스마트와 경쟁하려면 더 늦지 않게 뭔가 조치를 취해야 해요."

스티븐과 켈시는 매주 월요일 아침 회의를 시작하기 전

에 조금 일찍 만나기로 했다. 켈시가 강의에서 배운 걸 알려주면, 스티븐은 그걸 팀 전체와 나눌 수 있을 터였다.

퍼거슨스에서 일을 시작한 이래 처음으로, 켈시는 뭔가 중요한 일을 하게 됐다는 생각과 함께 변화를 만들기 위한 첫걸음을 뗐다는 기분으로 퇴근을 했다.

▲ ▲ ▲

"할머니, 저 왔어요! 물리치료 받으러 가실 시간이에요."

켈시가 집에 들어서며 소리쳤다. 할머니가 지갑을 들고 웃으며 계단을 내려왔다.

"애야, 내가 누구냐? 벌써 1시간 전부터 준비하고 있었단다."

병원으로 향하는 차 안에서 켈시는 회의에서 스티븐이 고객의 편지를 읽어준 얘기를 했다.

"복사해서 가져왔다니 잘 했다. 빨리 읽어보고 싶구나."

할머니가 말했다.

"애야, 너도 알겠지만, 진심을 담아서 말하고 친절하게 대하면 그게 다 네게로 돌아온단다. 다른 사람을 돕는 게 기

뺐다고 느꼈다니 아주 훌륭하구나. 네가 어떤 인생을 살아가든 그런 태도를 지키면 멋진 삶을 살 수 있을 거야."

늘 지혜의 말을 들려주는 할머니였지만, 이번엔 켈시에게 유달리 흥미롭게 느껴졌다. 하틀리 교수가 서비스에 대해 말했던 메시지와 근본적으로 다르지 않은 말이었기 때문이다.

"안녕하세요."

병원에 들어서자 카운터에 있는 여성이 미소를 지으며 인사했다. 그녀는 할머니를 보더니 "캐서린 윌슨 부인이시죠?"라고 물었다.

"네, 그래요."

할머니가 대답했다.

"그냥 케이트라고도 하죠."

"그것도 메모해놓을게요. 제 이름은 바버라입니다. 죄송하지만, 이 서류를 좀 작성해주시겠어요? 부인이 도착하셨다고 아이리스에게 전하겠습니다."

바버라는 할머니에게 클립보드와 연필을 건네줬다. 서류를 받아들고 켈시와 할머니는 의자로 걸어갔다. 둘이 막 앉으려 할 때 안쪽에서 문이 열리더니 길고 검은 머리를 뒤로

묶고 흰 가운을 입은 아담한 체구의 여성이 손에 서류철을 들고 나타났다.

"윌슨 부인?"

그녀가 부르자, 할머니가 보호대를 하고 있는 손을 흔들었다. 그녀는 미소를 띠고 할머니와 켈시 쪽으로 걸어왔다.

"바로 안내해드릴 테니, 저랑 같이 가시죠. 서류는 진료실에서 작성하셔도 됩니다."

그녀는 할머니의 다치지 않은 쪽 손에 부드럽게 악수를 청한 뒤 친절하게 말했다.

"저는 아이리스 라이트라고 합니다. 부인 손목이 빨리 나으실 수 있도록 제가 도와드리겠습니다."

아이리스는 켈시를 보고 미소를 지었다.

"안녕, 켈시 양 맞죠? 할머니를 모시고 왔군요?"

악수를 청하는 아이리스에게 켈시가 고개를 끄덕였다.

"네, 제 손녀랍니다. 이 동네에서 가장 사랑스러운 운전기사이기도 하고요."

할머니가 켈시를 대신해서 대답했다.

"저는 전에 물리치료를 한 번도 받아본 적이 없답니다. 라이트 박사님이라고 부를까요?"

"그냥 아이리스라고 불러주세요. 물리치료 박사 학위가 있긴 하지만, 전 환자분들과 격의 없이 지내는 걸 더 좋아하거든요."

"좋아요, 아이리스. 그럼 나도 그냥 케이트라고 불러줘요."

할머니가 미소를 지으며 말했다.

"그렇게 할게요. 자, 이제 진료실로 가시죠."

함께 걸어가던 중에 할머니가 "아이리스" 하고 불렀다.

"네, 케이트?"

"내가 토요일마다 동네 공원에서 열리는 태극권 교실에 다니고 있거든요. 이 접질린 것 때문에 태극권을 하는 데 지장이 없었으면 좋겠네요."

"검사를 해보기 전까진 뭐라 말씀드리기 어렵지만, 아마 괜찮으실 거예요. 태극권 선생님한테 다쳤다고 말씀하시고 보호대만 착용하고 계시면, 태극권을 배우시는 데는 별 무리가 없을 겁니다. 가능만 하다면, 평소에 즐기던 활동을 계속하시는 게 매우 중요하답니다. 그게 치료에 꼭 필요한 요소이기도 하고요."

진료실로 들어가 옆에서 켈시가 서류 작성을 마치는 동

안, 아이리스는 할머니의 손목을 검사하며 자신에 대해 이런저런 얘기를 했다. 가족 가운데 처음으로 대학을 졸업했고, 개원해서 지금까지 6년간 병원을 운영해왔다는 얘기도 했다.

"사실 저희는 팀으로 일을 하거든요. 부인을 도와드릴 직원을 한 명 더 소개해드릴게요."

아이리스는 문을 살짝 열고 소리쳤다.

"바버라, 알렉스한테 시간 있으면 3호실로 좀 오라고 하겠어요?"

잠시 후 노크 소리와 함께 단추를 채운 셔츠 차림의 젊은 남성이 방으로 들어왔다. 아이리스가 말했다.

"윌슨 부인, 켈시 양, 이쪽은 알렉스입니다. 제 물리치료 보조이자 우리 병원의 활력소인 사람이죠. 알렉스, 이쪽은 윌슨 부인과 손녀 켈시 양이예요. 윌슨 부인이 손목을 접질려 한동안 우리 병원에 다니시게 될 거예요. 켈시 양도 윌슨 부인과 같이 올 거고요."

"두 분을 만나 반갑습니다."

힘차게 악수를 하며 알렉스가 인사했다.

"윌슨 부인, 아이리스는 정말 최고예요. 그리고 제가 치료할 때, 최대한 편안하도록 해드리겠습니다. 곧 새로운 기분을 느끼시게 될 거예요. 실례가 안 된다면 이만 인사드리겠습니다. 다음 환자 예약 시간이 다 됐거든요."

알렉스는 인사를 한 다음 방을 나갔고, 켈시는 30분 동안 아이리스가 손목을 어떻게 치료할지 할머니에게 하나하나 설명하는 것을 지켜봤다. 할머니가 몇 가지 질문도 하고 다른 얘기를 하기도 했지만, 아이리스는 싫은 내색 없이 참을성 있게 귀를 기울였다. 켈시는 할머니가 이 낯선 환경에 얼마나 만족해하고 편안해하는지를 지켜보며 깊은 인상을 받았다.

할머니가 잠깐 화장실에 갔을 때, 아이리스가 켈시에게 말했다.

"할머님이 정말 다정하세요. 환자가 긍정적인 태도를 유지하면 치료하기도 훨씬 쉽거든요. 할머님은 긍정적이셔서 빨리 나으실 것 같아요."

"할머니는 제가 아는 한 가장 긍정적인 사람 가운데 한 분이시죠. 선생님도 그러신 것 같네요. 선생님이 이 일을 정말로 사랑하시는 게 느껴져요. 사실, 이 병원에서 만난 모든 분들이 일을 정말로 좋아서 하는 것 같아요."

"네, 정말로 그렇답니다. 우린 이 병원에서 멋진 팀을 이루고 있어요. 거의 가족 같죠. 그렇게 배려할 줄 아는 헌신적인 사람들과 같이 일할 수 있는 저는 행운아죠. 직원들이 행복해하면 고객들도 그걸 느끼게 되거든요."

켈시는 자기 병원에 대해 갖고 있는 아이리스의 유쾌한 태도와 퍼거슨스에서 자기 팀의 태도를 비교해봤다. 어떻게 마음가짐이 그렇게 다를 수 있을까. 켈시는 생각했다.

"손목이 완전히 나으려면 일주일에 두 번씩 4주에서 6주 정도 병원에 오셔야 할 거예요."

아이리스가 말했다.

"알렉스 아니면 제가 봐드릴 거예요."

"할머니는 분명 두 분에게 치료받는 걸 좋아하실 거예요."

켈시가 말했다.

"제 일정을 할머니 치료 시간하고 맞춰야겠지만, 별 문제는 없을 것 같아요. 주립대학 경영학과에 다니고 있는데 할머니하고 같이 살고 있거든요. 할머니가 원하실 때 차로 모시고 오는 건 어렵지 않아요."

"그거 잘 됐군요."

아이리스가 미소를 지으며 말했다.

"저도 물리치료 학위를 받기 위해 공부할 때 주립대학에서 경영학 강의를 몇 번 수강한 적이 있었죠."

진료실로 돌아온 할머니가 깊게 숨을 들이마시고 나서 말했다.

"자, 켈시. 난 준비 다 됐다. 집에 가서 이 늙은 뼈를 따끈한 거품 목욕통에 좀 담그고 싶구나."

아이리스가 웃었다.

"어쩜! 저랑 똑같으시네요. 저도 피로를 풀 때 그렇게 하거든요. 그럼 다음에 뵙도록 하겠습니다. 수요일에 뵐게요."

ICARE에 대해
배우다

"여러분의 프레젠테이션 흥미롭게 잘 봤습니다. 모두 정말 잘 했어요."

하틀리 교수가 말했다.

"이 수업에서 앞으로 어디에 초점을 맞출 것인지를 먼저 정리하고 넘어가는 게 좋겠군요. 앞으로 몇 주에 걸쳐서 저는 여러분에게 ICARE 모델을 소개하려고 합니다. 각각 앞글자를 따서 이름 붙인 이 모델을 가지고, 한 번에 한 글자씩 여러분과 얘기해보도록 하겠습니다. 그러면 여러분은 일터에 가서 각각에 해당하는 구체적인 서비스 사례를 찾아보기 바랍니다. 아니면 그런 서비스가 부족한 사례를 찾아볼수도 있겠죠. 그리고 그 경험에 대해 써보십시오. 자, 그럼이제 고차원의 서비스에 대해 얘기해봅시다."

교수가 노트북을 두드리자, 스크린에 ICARE 모델과 함께 그 첫 번째 약자의 의미가 나타났다.

I - 이상적인 서비스(Ideal Service)
C -
A -
R -
E -

"지난 수업 이후로 이상적인 서비스의 사례를 본 사람 있으면 한번 말해볼까요?"

교수의 질문에 당황한 표정과 낮은 웅성거림만 들릴 뿐, 아무도 대답하지 않았다.

"보충 설명이 좀 더 필요할 것 같군요. 여러분이 몸담고있는 업종에 상관없이, 서비스 제공자인 여러분은 자신이고객 서비스의 중요성을 잘 알고 있음을 말이나 행동, 태도

를 통해 보여줄 수 있습니다. 명예의 전당에 오를 만한 서
비스를 이상적인 서비스라고 생각하면 좀 더 이해하기 쉬
울 것 같군요. 이상적인 서비스를 하는 사람들은 최고 중의
최고니까요. 그럼 이상적인 서비스의 사전적 정의를 살펴
보죠."

교수가 슬라이드를 넘겼다.

> 이상적인 서비스 :
> 서비스가 중요하다는 믿음을 바탕으로 행동함으로써
> 매 순간 고객의 욕구를 만족시키는 것

켈시는 아이리스와 바버라를 떠올렸다.

"이 정의는 여러분이 외웠으면 하기 때문에, 화면을 넘기
지 않고 잠시 놔두겠습니다. 필기할 사람은 하세요."

교수가 말했다.

"자, 이제 정의도 확실히 알았으니 이상적인 서비스에 대
해 나누고 싶은 얘기 생각난 사람 있나요?"

나단이라는 이름의 학생이 손을 들었다.

"지난주에 아버지 부탁으로 정비소에 차를 맡긴 일이 있었습니다. 오일 교환 경고등이 들어왔었거든요. 그래서 아버지가 늘 가는 작은 동네 정비소로 차를 가져갔죠. 정비사한테 차 키를 주고 기다리고 있으려니까, 정비소 사장이 와서 저한테 인사를 했어요. 제가 사업은 어떠시냐고 물어보자 '경기가 안 좋아 다른 정비소들은 대부분 사정이 어렵습니다만, 저희는 잘 되고 있습니다' 라고 말하더군요.

15분 정도 기다리니 정비사가 와서 오일은 교환할 필요가 없다고 했어요. 경고등이 때론 잘못 들어오기도 하는데 지금 오일 정도면 2,000마일은 너끈히 더 달릴 수 있다고 하더군요. 정비사는 엔진 마모 상태를 체크하고 나서 제게 다 끝났다고 말했어요. 무료로 말예요! 저는 깜짝 놀랐죠. 왜 아버지가 15년 동안이나 같은 정비소만 이용하셨는지, 그리고 왜 그 정비소가 다른 정비소들보다 잘 되는지 알 것 같았어요."

다른 학생들이 서로 한마디씩 하느라 웅성거릴 때, 하틀리 교수가 나단을 보며 쾌활하게 말했다.

"고마워요, 나단. 수업 끝나고 나서 그 정비소 이름하고 주소 좀 알려줘요. 우리들 가운데 필요한 사람이 있을 것 같군요."

교수는 다시 학생들을 향해 말했다.

"자, 지금 무슨 일이 일어났는지 알겠나요? 그 정비소는 작은 호의를 베푸느라 오일 교환으로 돈을 벌 기회를 놓쳤는지도 모릅니다. 하지만 보세요. 나단이 그 얘기를 들려준 덕분에 지금 이 강의실에서만 대여섯 명의 고객은 더 생긴 것 같군요. 또 누구 이상적인 서비스 사례를 말해보겠어요?"

손을 든 켈시는 무브라이트 병원의 바버라와 아이리스 얘기를 했다. 그들이 켈시와 할머니를 맞이하고 치료 과정을 설명하고 질문에 답하면서, 어떻게 편안한 기분과 환영받는다는 느낌을 줬는지 얘기했다.

"켈시 양, 말해줘서 고마워요. 우리는 천재가 아니라도, 이상적인 서비스가 사업의 성공에 결정적인 차이를 만들어 낸다는 사실을 알 수 있습니다. 이번 주에 이상적인 서비스의 훌륭한 사례를 찾아보고, 동시에 반대되는 사례도 찾아보기 바랍니다. 그 두 가지 상황에 대해 여러분이 쓸 수 있는 만큼 적어보십시오. 서비스를 제공한 사람들에 대해, 그 사람들이 대변하는 회사에 대해, 그들이 어떻게 좋은 인상 혹은 나쁜 인상을 줬는지에 대해 써보세요. 그리고 그 일로

여러분이 어떤 기분을 느꼈는지에 대해서도 잊지 말고 적어
보도록 하세요."

▲ ▲ ▲

그날 퍼거슨스에 도착했을 때, 켈시의 마음은 열정으로
가득했다. 켈시는 자기 스스로 이상적인 서비스의 사례를
만들어보겠다고 마음먹었다.

잘못 놓인 제품이 없는지 살펴보면서 통로 모퉁이를 돌
던 켈시는 진열된 진공청소기 앞에서 표지를 읽느라 몸을
숙이고 있던 키 큰 남자와 부딪힐 뻔했다. 깜짝 놀란 남자는
자세를 바로 하며 켈시를 쳐다봤다.

"아, 마침 잘 만났네요."

켈시가 직원임을 알아본 남자가 말했다.

"네, 저도요. 저는 켈시라고 합니다."

켈시가 미소를 지으며 말했다.

"아…… 저는 톰이라고 합니다."

"안녕하세요? 뭘 도와드릴까요?"

"아내 생일에 진공청소기를 선물하려고요. 최고로 좋은

걸로 선물하고 싶어요."

그는 진열된 모델을 가리켰다.

"이거 꽤 좋아 보이는데요. 할인도 하고요. 어떤 것 같으세요?"

켈시에게 가장 먼저 떠오른 생각은 '오, 아니야, 진공청소기는 생일 선물로는 꽝이야!' 였다. 하지만 이내 정신을 차리고, 구매를 포기하도록 고객을 설득하는 일은 자기가 할 일이 아니라고 생각했다. 그녀의 임무는 이상적인 서비스를 제공하는 것이었다.

"잘 보셨어요. 이 제품은 굉장히 인기 있는 모델이에요. 성능은 최고죠. 그리고 잘 보세요. 부속품을 끼웠다 뺐다 하기도 이렇게 쉽거든요."

켈시는 청소기의 호스 끝에 부속품 하나를 끼웠다가 빼는 것을 보여줬다.

"그리고 저희가 판매하는 제품 가운데 가장 소음이 적은 축에 들죠."

"그것도 맘에 드네요. TV 보는데 아내가 청소기 돌리면 짜증나거든요. 지금 사용하는 청소기는 엄청 시끄러워요."

톰은 켈시를 보고 웃으며 말했다. 켈시는 남자가 농담을 하는 건지 아닌지 가늠할 수가 없었다. 켈시는 생각했다.

아, 뭐야, 아내 때문이 아니라 TV 편안하게 보려고 청소기 고르는 거야? 이거 생각보다 난감하네!

"이 모델에 대해서 더 궁금하신 거 없으세요?"

켈시가 물었다.

"없는 거 같아요. 이걸로 할까봐요."

톰은 진열된 제품 바로 옆의 상자를 집어들었다가 잠시 멈췄다.

"저기요. 하나만 더 도와주셨으면 하는데요. 그쪽이 어린 편이라 도움이 될지 모르겠지만요."

기막히군. 이젠 나보고 어리다네. 정말 재밌는 사람이야. 끝내주는데. 속으로 비아냥거리던 켈시는 이를 악물지 않으려 애쓰면서 미소를 지었다.

"힘닿는 대로 도와드리겠습니다. 무엇을 도와드릴까요?"

"그게……."

톰은 들고 있는 상자를 내려다봤다.

"아내가 이걸 정말 좋아할까요? 제 말은, 이게 정말 좋은 제품이니까 아내가 좋아하긴 할 것 같지만……."

톰은 켈시를 바라봤다.

"만약 결혼했는데 남편이 이런 걸 생일 선물로 주면 어떨 것 같아요?"

켈시는 얼어붙었다. 내 생각을 그대로 말하면, 물건 팔 기회를 놓칠 텐데. 하지만 켈시는 생각했다. 잠깐만, 이걸 그냥 물건 파는 걸로만 생각해선 안 돼. 이상적인 서비스를 제공한다는 측면에서 생각해보자고. 그건 고객의 욕구를 충족시켜주는 걸 의미해. 나에겐 서비스가 중요하다는 믿음이 있어. 그리고 이 고객은 지금 솔직한 대답을 듣고 싶어 해.

"물어보시니까 말씀드리는 건데요, 만약 남편이 생일 선물로 진공청소기를 준다면, 아무리 그

게 세상에서 제일 좋은 진공청소기라 해도, 전……."

켈시는 적당한 단어를 생각했다.

"……실망할 것 같아요."

"그럴 줄 알았어요!"

톰이 이를 드러내고 활짝 웃으며 소리쳤다.

"실은 제 동생이 이게 좋은 아이디어랍시고 말해준 거거
든요. 전 전혀 그렇게 생각하지 않았지만 말예요! 솔직히 말
해줘서 정말 고마워요."

톰은 상자를 선반에 도로 올려놓았다. 안도
의 한숨을 쉬면서도 켈시는 판매 기

회를 놓친 데 대한 꺼림칙한 마음도 없지 않았다. 하지만 옳은 일을 했다고 생각했다.

"좋아요, 켈시."

톰이 두 손을 비비며 말했다.

"이제 진공청소기를 사는 대신에 그 돈을 아내가 정말로 좋아할 만한 걸 사는 데 써야겠어요. 켈시가 날 좀 도와주면 뭔가 좋은 걸 찾을 수 있을 것 같아요. 일을 잘하시는 분이니, 제 아내가 행복한 생일을 맞이하도록 도와주실 수도 있겠죠? 어떤 선물이 더 좋을까요?"

켈시는 이 상황을 믿을 수가 없었다. 그녀가 해낸 것이다! 알고 보니 톰은 그렇게 형편없는 남자는 아니었다. 이 경험은 톰에게 오랜 인상으로 남을 것이다. 게다가 켈시는 판매실적도 올렸다. 톰은 멋진 크리스털 꽃병을 골랐고, 그 꽃병에 아내가 좋아하는 꽃을 가득 채우겠다고 말했다. 그리고 켈시는 그를 장신구 매장으로 데리고 가 레이첼과 함께 톰이 아름다운 팔찌를 고르는 걸 도와줬다.

켈시는 이 일을 보고서에 적어 하틀리 교수에게 제출해야겠다고 생각했다. 켈시는 흥분이 됐다. 고객에게 이상적인 서비스를 제공한 사람이 다름 아닌 그녀 자신이었으니까!

▲ ▲ ▲

"어서 오세요."

켈시와 할머니가 병원으로 들어서자 바버라가 반갑게 맞이했다. 그때 알렉스도 대기실로 들어왔다.

"안녕하세요, 윌슨 부인. 안녕, 켈시 양. 두 분 모두 다시 뵙게 돼 반갑습니다. 손목은 좀 어떠세요?"

"약간 쑤시긴 하는데, 특별히 더 아프거나 하진 않다우."

"그럼 진료실로 가서 한번 볼까요? 켈시 양, 같이 가겠어요, 아니면 여기서 기다릴래요?"

"사실 제가 보고서를 써야 할 게 있어서 노트북을 들고 왔어요. 여기 어디 앉아서 작업하면서 기다릴게요. 감사합니다."

"저희 병원에 독서실이 있어요. 멋지고 조용한 곳이라서 제가 할머니를 치료해드리는 동안 작업하기 딱 좋을 거예요. 복도를 따라 쭉 걸어가면 맨 끝 오른쪽 방이에요."

알렉스가 방향을 가리켰다.

"제가 딱 원하던 곳이네요. 집중할 수 있겠어요."

켈시가 웃으며 말했다.

독서실에 들어선 켈시의 얼굴에 미소가 번졌다. 독서실은 작지만 멋지게 꾸며져 있었으며, 거실처럼 편안하게 느껴졌다.

할머니의 치료가 끝날 즈음, 켈시는 톰과 그가 살 뻔했던 진공청소기에 관한 이상적인 서비스 사례 쓰기를 마쳤다.

집으로 돌아오는 길에 할머니는 병원에 있는 사람들이 모두 친절하다는 말을 하고 또 했다.

"알렉스가 날 자기 친할머니 대하듯 했단다."

켈시는 알렉스가 아이리스가 그랬듯이 할머니에게 배려받는다는 느낌을 준 데 대해 고마움을 느끼며 미소를 지었다. 이상적인 서비스를 보여준 또 다른 본보기였다. 이제 켈시에겐 이상적이지 않은 서비스의 사례가 필요했다.

▲ ▲ ▲

토요일엔 정오까지만 출근하면 됐기 때문에, 켈시는 전부터 가보려 했던 동네의 예쁜 미용실에서 머리를 자르려고 10시에 예약을 해뒀다. 미용실에 들어서자 높은 천장과 우아한 흑갈색 톤 인테리어가 인상적으로 느껴졌다. 헤어디자이너들은 모두 세련된 검은 옷을 입고 있었고, 자리는 모두 차 있었으며, 몇몇 손님이 의자에 앉아 잡지를 읽으며 차례를 기다리고 있었다. 켈시는 이런 고급스러운 곳에서 머리를 해볼 수 있기를 고대해왔다.

켈시는 젊은 남자가 태블릿 PC를 보고 있는 접수대로 걸어갔다. 그녀가 서 있는데도 남자가 알아차리지 못하자, 켈시는 부드럽게 헛기침을 했다. 접수대의 남자가 고개를 들더니 미소를 지으며 말했다.

"걱정 마세요. 오신 거 알고 있었어요."

"10시에 베베 씨로 예약했는데요."

켈시가 약간 불편함을 느끼며 말했다. 남자는 다시 태블릿을 보고 몇 번 두드리더니 이렇게 말했다.

"아, 네. 켈시 양이죠?"

켈시가 고개를 끄덕였다.

"알겠습니다. 자리에 앉아서 기다리시면 베베 선생님이 지금 손님 끝내자마자 머리를 해드릴 겁니다."

그는 손님의 머리에서 수건을 벗기고 있는 키 크고 마른 붉은 머리의 헤어디자이너를 가리켰다.

켈시는 자리에 앉아 잡지를 집어들었지만, 눈은 베베를

처다봤다. 그때 베베가 손님의 머리를 빗겨주며 말했다.

"어떤 스타일로 해드릴까요?"

그 말을 들은 켈시는 일어서서 다시 접수대로 갔다.

"저기요."

태블릿을 보던 남자가 고개를 들었다.

"전 10시에 예약했고, 지금은 10시 5분이에요. 그런데 방금 베베 씨가 손님에게 어떤 스타일로 머리를 할지 물어보더라고요. 얼마나 걸릴까요?"

남자는 켈시를 쳐다본 다음 베베 쪽으로 시선을 돌렸다.

"글쎄요. 베베 선생님은 워낙 완벽주의자라 확실히 말씀을 못 드리겠네요."

켈시는 뺨이 붉게 달아오르는 걸 느꼈다.

"이건 아닌 것 같네요. 전 예약한 시간에 정확히 왔는데, 앞 손님 머리를 지금에서야 시작하고 있으니 말예요."

"저기, 베베 선생님."

남자가 헤어디자이너를 불렀다.

"이쪽으로 잠깐 와주실 수 있으세요?"

베베가 손님에게 뭐라 말하고는 껌을 짝짝 씹으며 접수대 쪽으로 걸어왔다. 남자는 베베에게 미소를 짓고 나서 켈시를 가리켰다.

"이분께서 선생님이 지금 손님 머리 자르는 데 얼마나 걸릴지 물어보시는데요?"

베베는 웃었다.

"저도 몰라요!"

그녀는 소리 내어 껌을 씹으면서 큰 소리로 말했다.

"각자 머리 상태가 다르거든요."

베베는 입술로 손을 가져가더니 켈시를 쳐다봤다.

"그런데 그건 왜 물어보세요?"

"제가 바로 10시에 예약한 사람이니까요."

켈시는 항변하듯 말했다.

"저는 제시간에 왔는데 이제야 앞 손님 머리를 시작하시는 것 같아 물어보는 거예요."

"아, 네, 저분이 좀 늦으셨는데, 제 단골손님의 친구분이거든요."

베베는 손을 내밀더니 켈시의 머리카락에 손을 넣어 쓸어내리기 시작했다.

"어머, 자기야, 머리가 말이 아니네."

그녀가 낄낄대며 웃었다.

"자, 나한테 맡겨요. 기다린 보람이 있을 거예요. 자기 정말 머리 정리 좀 해야겠네."

그녀는 자리에 앉아 있는 손님을 향해 고개를 끄덕였다.

"아마 1시간 안에는 끝날 거예요. 기다려도 되고, 아니면 11시쯤에 다시 와도 돼요."

"아뇨. 기다릴 수도 없고 11시에 올 수도 없어요. 12시까지 출근해야 하니까요."

점점 더 짜증을 느끼며 켈시가 말했다.

"그래서 10시에 예약한 거라고요."

"자기야, 그럼 마음대로 해. 내가 자기를 깜짝 놀랄 만큼 변신시켜줄 수 있을 텐데 말이야."

베베는 큰 소리로 말하더니 자기 자리로 돌아갔다. 남자가 태블릿을 두드리며 말했다.

"그럼 예약을 다시 잡아드리죠. 다음 주에 베베 선생님이 언제 가능하신지 봐드릴게요."

"아뇨. 제 말을 이해 못하시는군요. 예약 다시 안 잡을 거예요."

믿을 수 없다는 듯 켈시가 말했다.

"이봐요, 여기 참 멋지게 꾸며놓으셨네요. 그래서 여기

오면서 꽤 신이 났었다고요. 그런데 처음 온 손님을 이런 식으로 대하다니 믿을 수가 없군요. 절대로 다시 오지 않을 거예요."

켈시는 돌아서서 밖으로 나왔다. 짜증이 잔뜩 난 상태로 주차장에서 차를 빼던 켈시는 운동하러 갈 시간이 생겼다는 걸 깨달았다. 그러자 이 상황이 나쁜 것만은 아니라는 생각이 들었다. 차 트렁크에 운동복을 챙겨놓아 다행이었다. 켈시는 마음이 진정되는 것을 느꼈다. 머리는 못 잘랐지만, 이상적이지 않은 서비스를 겪은 덕분에 과제를 완성할 수 있게 됐다고 생각하니 기분이 훨씬 좋아지기까지 했다.

▲ ▲ ▲

켈시는 신이 났다. 월요일 아침 팀 회의 전에 스티븐과 만나 함께 얘기해볼 것들이 많았기 때문이다. 퍼거슨스와 숍스마트의 경쟁 구도 속에서 서비스라는 요소가 얼마나 중요한지 스티븐은 알 수 있으리라 생각했다. 그래서 켈시는 빨리 스티븐과 만나 얘기할 수 있기를 바랐다.

하지만 켈시가 도착했을 때 회의실은 텅 비어 있었다. 조금 있으니 롭이 들어오고, 이내 다른 동료들이 들어왔다. 정확히 8시 30분에 서류철을 든 스티븐이 급히 들어왔다. 고개를 들고 켈시를 본 스티븐은 항복한다는 듯 손을 들고 고개를 저으며 '미안해' 라는 입 모양을 해 보였다.

회의 내내 켈시는 스티븐의 신경이 날카로워져 있다는 걸 느낄 수 있었다. 스티븐은 작년에 비해 실적이 나아지지 않고 있다고 했고, 숍스마트에 대해 말할 때는 목소리에 초조함마저 묻어났다.

회의가 끝나고 모두 각자의 자리로 돌아간 후에, 스티븐이 켈시에게 다가왔다.

"미안해요. 아침에 관리자 회의가 있었는데, 팀 회의 전에 켈시를 만나서 얘기한다는 걸 깜빡 잊어버렸지 뭐야. 켈시가 대학에서 배운 것들과 그것들이 어떻게 우리에게 도움이 될지 들어보고 싶다는 생각엔 변함이 없어요. 아니, 전보다 더 중요해졌어. 다음 주엔 틀림없이 8시 20분에 온다고 약속하죠. 잊지 않도록 수첩에 적어놓을게요."

스티븐은 시계를 봤다.

"이제 가야겠네. 안 그러면 또 다른 회의에 늦겠는걸. 또 봐요."

스티븐은 서둘러 회의실을 나갔다. 켈시는 실망했다. 여전히 스티븐은 켈시의 생각을 들어보고 싶어 하긴 했지만, 스트레스를 받고 있는 게 분명했다. 관리자 회의를 하면서 어떤 말을 들었는지도 몰랐다. 켈시는 직장을 잃게 되는 건 아닐까 하는 걱정이 들었다.

▲ ▲ ▲

그날 늦은 오후, 알렉스는 할머니가 물리치료 동작을 익히도록 돕고 있었다. 문득 알렉스가 물었다.

"괜히 참견하는 건 아닌지 모르겠지만, 혹시 무슨 일 있어요?"

켈시의 눈은 벽에 걸린 차트를 멍하니 보고 있었지만, 머릿속은 일 생각으로 복잡했다. 그러다 알렉스의 갑작스런 질문에 놀라 정신을 차렸다.

"네? 아뇨! 아무 일 없어요!"

켈시는 미소를 지으며 고개를 저었다.

"죄송해요. 제가 딴생각을 하고 있었나봐요."

"켈시가 요새 많이 힘들다우."

할머니가 말했다.

"대학에선 고객 서비스에 대해 배우고 있는데, 일하는 곳은 고객 서비스가 끔찍하기 짝이 없으니!"

"할머니!"

켈시는 할머니의 거침없는 솔직함에 웃으며 소리쳤다.

"그거 재밌네요."

미소를 지으며 알렉스가 말했다.

"저희도 고객 서비스에 대해 자주 얘기하거든요. 아이리스는 고객 서비스에 대해서라면 좀 강박적이기까지 하죠. 제 말은 좋은 쪽으로 그렇다는 뜻이에요. 여기서 일을 시작한 이래로 아이리스한테 서비스에 대해 많은 걸 배웠죠. 사실 좋은 서비스는 생각처럼 복잡하지 않아요."

"맞아요!"

켈시가 외쳤다.

"그런데 많은 회사들이 그걸 제대로 못 한다는 게 믿기 어려울 정도예요."

"고객의 마음을 제대로 헤아리고 그들을 배려하기만 하면 되는 거예요."

알렉스가 말했다.

"고객이 필요한 게 뭔지, 원하는 게 뭔지 생각해보는 거죠."

"맞아요!"

켈시가 다시 외쳤다. 그녀가 지난 몇 주간 듣고 생각해온 걸 똑같이 말해주는 사람이 있다는 게 몹시 기뻤다. 알렉스 역시 켈시처럼 그 주제에 큰 열정을 갖고 있는 듯했다.

"다음에 오면 아이리스에게 켈시 양의 상황을 한번 말해 보세요."

알렉스가 할머니를 돌아보며 말했다.

"제가 이번 수요일엔 다른 예약 환자가 있어서 아이리스 가 치료해드릴 거예요, 윌슨 부인."

"고마워요, 알렉스. 아이리스 선생님과 얘기해볼게요."

켈시가 말했다.

"아이리스 선생님처럼 경영자의 입장에 있는 분의 생각 을 들어보는 건 멋진 기회가 될 거예요. 특히 여기 계신 분 들 모두 서비스가 중요하다고 분명히 믿고 있으니 말이죠. 아이리스 선생님은 정말 훌륭하신 분 같아요."

알렉스가 고개를 끄덕이며 말했다.

"아이리스라면 켈리 양을 도와줄 수 있을 거예요."

명확한 비전과
가치를 정하라

"여러분 모두 ICARE에서 C로 시작하는 게 뭘까 하고 무척 궁금하지 않았나요?"

하틀리 교수가 활짝 웃으며 학생들을 둘러봤다. 그가 노트북을 두드리자 스크린에 다음과 같이 나타났다.

I - 이상적인 서비스
C - 서비스 문화(Culture of Service)
A -
R -
E -

"어떤 조직이든 그 조직의 문화는 비전과 가치를 공유하는 것에서 시작됩니다. 그리고 리더는 모든 구성원이 조직의 비전과 가치를 알도록 해야 합니다."

켈시는 맨 앞줄에 앉아 하틀리 교수의 말을 열심히 듣고 있는 한 남자를 발견했다. 처음 보는 사람이었다. 누굴까?

"영리 조직이든, 비영리 조직이든, 아니면 공공 분야든, 모든 조직은 고객에게 서비스를 제공합니다. 따라서 진정한 서비스 문화는 서비스 비전을 포함해야 합니다."

교수가 다시 노트북을 두드리자, 스크린이 바뀌었다.

> 서비스 문화:
> 고객 서비스에 집중하는 환경을 만드는 것

"한 조직의 서비스 비전과 가치가 명확할수록 탄탄한 서비스 문화를 만들기 쉬워집니다. 그래야 조직의 모든 구성원이 무엇에 초점을 맞춰야 하고 어떤 행동을 해야 할지 알 수 있기 때문이죠. 그리고 각자가 제공하고 싶어 하는 서비스의 형태에 대해 명확한 비전을 갖는 것도 도움이 됩니다. 여러분이 서비스에 대해 어떤 믿음을 갖고 있느냐에 따라 여러분이 실제로 제공하는 서비스의 형태가 결정될 겁니다."

교수는 잠시 말을 멈췄다.

"서비스 문화를 이해하는 데 도움이 되도록 오늘은 특별한 손님을 모셨습니다."

하틀리 교수는 맨 앞줄에 앉아 있는 남자를 가리켰다.

"여러분에게 전설적인 서비스의 성공 사례를 들려주기 위해 오신, 제 좋은 친구이자 옛 동료 댄 머레이 씨를 소개하겠습니다. 댄은 숍스마트에서 12년간 일해왔고 지금은 운영담당 부사장입니다."

숍스마트라는 소리에 놀라 켈시는 자기도 모르게 거부감이 느껴졌다. 하틀리 교수가 말을 이었다.

"숍스마트가 조만간 이 지역에 지점을 낼 예정인데, 댄은 신규 지점의 모든 직원이 첫날부터 차질 없이 전설적인 서비스를 제공하도록 준비시키는 책임을 맡고 있습니다. 숍스마트 직원들은 전국 모든 지점에서 타의 추종을 불허하는 서비스 문화를 창조해왔습니다. 위대한 기업이 어떻게 경쟁력을 유지하는지에 대해 제가 여러분에게 얘기했던 것들을 숍스마트는 그대로 실행하고 있죠. 자, 댄 머레이 씨를 모시겠습니다."

댄이 단상에 서자 학생들이 정중하게 박수를 보냈다.

"초대해주셔서 감사합니다, 하틀리 교수님."

댄은 단상을 천천히 왔다 갔다 하며 얘기를 시작했다.

"하틀리 교수님 말씀에 덧붙이자면, 조직 문화가 형성되는 데는 여러 요인들이 영향을 미칩니다. 구성원들이 어떤 사람들인지부터 시작해서 조직의 역사, 연혁, 비전, 가치, 평판, 중요한 사건들, 심지어 연례 기념행사도 영향을 미치죠. 이런 요인들 가운데 일부를 찬찬히 키우면, 다른 요인들도 자연스럽게 키워집니다. 하지만 서비스 문화는 조직 문화와 또 다릅니다. 의도적으로 육성하지 않으면 생기지 않습니다. 즉 고객에 초점을 맞추고 조직의 모든 구성원이 서비스 비전을 갖고 실천할 때만 비로소 서비스 문화가 만들어질 수 있습니다."

댄은 말했다.

"조직 문화의 어떤 측면은 서비스 비전에 긍정적인 영향을 미치기도 합니다. 예를 들면, 관리자들이 항상 문을 열어놓고 직원들의 말에 직접 귀를 기울이는 분위기 같은 것 말이죠. 하지만 대부분의 경우 조직 문화의 요소들은, 심지어 회사의 내력 같은 것이라 해도, 실제로는 훌륭한 서비스를 제공하는 데 방해가 되곤 합니다. 간부들이 '우린 늘 그렇게 해왔기 때문에 바꿀 필요가 없어'라는 사고방식을 갖고 있는 경우 특히 그렇습니다."

켈시의 거부감은 이제 관심으로 바뀌었다. 댄의 강의를 들으면서 켈시는 숍스마트의 서비스 문화가 퍼거슨스의 서비스 문화(아니면 서비스 문화 자체가 없을지도 모르지만)와는 전혀 다르다는 사실을 이내 알아차렸다.

댄은 30분에 걸쳐 학생들에게 숍스마트가 어떻게 서비스 문화를 만들어왔으며 지금까지 그 문화를 어떤 식으로 지켜왔는지 설명했다.

"이제 여러분의 일터로 돌아가서 생각해볼 만한 몇 가지를 요약해서 말씀드리겠습니다."

댄이 프레젠테이션을 마무리하며 말했다.

"진정한 서비스 문화를 만들려면, 먼저 경영진의 동의와 지지가 필요합니다. 다음으로 전 직원을 대상으로 하는 전설적인 서비스 훈련입니다. 즉 전설적인 서비스가 무엇이고, 어떤 모습이고 무슨 느낌이며, 어떻게 제공하는지를 가르치는 거죠. 마지막으로, 후속 활동을 비롯한 지속가능한 계획, 서비스에 초점을 맞춘 목표, 그리고 경과를 측정하는 방법을 마련해야 합니다."

댄이 자리로 돌아가 앉자, 하틀리 교수는 그에게 감사를 표한 다음 학생들에게 다음 주 과제를 내줬다.

"서비스 문화가 있다고 생각되는 두 조직의 사례를 찾아 다음 시간까지 보고서를 써오기 바랍니다. 여러분의 직장에 대해서도 생각해보십시오. 여러분은 회사의 비전이나 가치를 알고 있습니까? 여러분의 회사엔 서비스 비전이 있나요? 모르겠다면, 관리자에게 물어보십시오. 그게 이제까지의 설명에 부합한다면, 여러분 직장의 사례를 써와도 됩니다."

퍼거슨스를 내 사례로 쓸 수 있다면 얼마나 좋을까. 하지만 그런 일은 일어나지 않겠지. 켈시는 생각했다.

수업이 끝나 학생들이 일어섰지만 켈시는 한동안 자리에 앉아 있었다. 댄의 얘기에 깊은 인상을 받은 켈시는 자기도 모르게 퍼거슨스가 아니라 숍스마트에서 일할 수 있었다면 좋았을 텐데 하고 생각했다. 학생들이 강의실을 빠져나갈 때 켈시는 댄에게 다가갔다.

"안녕하세요, 머레이 부사장님. 강의 정말 잘 들었습니다. 전 켈시 영이라고 합니다."

악수를 청하며 켈시가 인사했다.

"안녕하세요, 켈시. 그냥 댄이라고 불러주세요."

"전 숍스마트의 경쟁사라고 할 수 있는 퍼거슨스에서 일하고 있어요. 그래서 퍼거슨스가 숍스마트 서비스 문화의 발끝도 따라가지 못한다고 생각하니 좀 서글퍼지네요."

"아, 네. 퍼거슨스에 대해선 잘 알죠."

댄이 말했다. 그는 바로 숍스마트에 대한 얘기로 화제를 바꿨다.

"전 우리 회사의 문화에 자부심을 느낍니다. 그런 문화 때문에 고객들은 존중받는다고 느끼고, 우리가 얼마나 고객들에게 감사해하는지도 알게 되죠. 외부 고객 없이는, 사업도 없으니까요. 하지만 우린 그에 못지않게 내부 고객인 우리의 동료들도 중요하다는 걸 잘 알기 때문에, 직원들의 노력에 최대한 감사를 표하려 노력한답니다."

"저희도 그런 환경에 있다면 얼마나 좋을까요."

켈시가 안타까워했다.

"퍼거슨스를 변화시키는 것에 대해 관리자들과 얘기를 나눠본 적 있나요? 때론 작은 발걸음이 큰 진전을 이뤄내기도 하거든요."

"그러잖아도 팀장인 스티븐 워커 씨와 얘기해봤죠. 제 생각에 관심이 있는 것 같긴 하지만, 그도 답답해하긴 마찬가지예요. 간부들이 진정으로 신경을 쓴다는 느낌이 안 들어요. 그들은 외부든 내부든 고객을 행복하게 하기보다는 숫자에 더 관심이 많아 보이거든요."

"너무 쉽게 포기하진 마세요, 켈시. 퍼거슨스에 남길 원한다면, 회사와 고객, 직원에게 유익한 변화를 만들기 위해 계속 노력하세요. 어쩌면 엄청난 영향력을 미칠 수도 있으니까요."

"계속 노력할게요. 만나서 정말 반가웠습니다, 머레이 부사장님, 아니 댄. 다시 한 번 감사드려요."

켈시는 다시 악수를 청하고 미소를 지었다.

주차장으로 걸어가면서 켈시는 스티븐을 도와 팀을 변화시켜보겠다는 다짐을 새롭게 했다. 간부들이 서비스 문화의 중요성을 깨닫기만 한다면. 켈시는 생각했다. 그러나 간부들이 비전이나 가치, 서비스 문화에 신경을 쓴다는 어떤 기미도 찾아볼 수 없었다. 그들이 신경 쓰는 거라고는 매출과 이익뿐인 듯 보였다. 더 최악인 것은 간부들이 그 둘 사이의 연관성조차 이해 못하는 듯 보인다는 사실이었다.

▲ ▲ ▲

다음 날, 퍼거슨스에서 켈시는 휴게실과 회의실을 둘러 봤지만, 비전이나 가치 따위는 눈을 씻고 봐도 찾아볼 수 없 었다. 마침 개학용품 매장에 고객들이 밀리는 통에 스티븐 도 매장에 나와 일손을 돕고 있었다.

오후에 잠시 한가해졌을 때, 켈시는 스티븐에게 그 얘기 를 꺼냈다.

"우리 회사 비전이 분명이 있을 텐데…… 정확히 기억이 안 나네."

스티븐이 말했다.

"합리적인 가격에 양질의 상품을 제공하는 리더가 되자, 뭐 그런 거겠죠."

켈시는 서비스 문화의 기반이 되는 서비스 비전을 만들 어 모든 직원과 공유하는 조직에 대해서 배운 걸 스티븐에 게 빠르게 알려줬다.

"정말 일리 있는 소리군."

스티븐이 말했다.

"우리가 휴게실에 서비스 비전을 붙여놓고 팀 회의 때마다 그것에 대해 말한다면, 고객을 상대하는 동안 그 비전을 마음속에 떠올릴 수 있을 거예요."

개학용품 매장으로 온 고객들을 응대하느라 켈시가 돌아설 때까지 두 사람은 좀 더 얘기를 나눴다. 켈시가 돌아설 때, 스티븐이 말했다.

"켈시가 서비스 비전을 만들어보면 어때요? 내가 다음 관리자 회의 때 얘기를 꺼내볼 수 있도록."

참 잘 했군. 고객 쪽으로 걸어가면서 켈시는 생각했다. 어쩌자고 입방정을 떨었을까? 도대체 내가 서비스 비전에 대해 뭘 안다고?

▲ ▲ ▲

그날 오후 병원에서 아이리스는 할머니와 함께 치료실로 가기 전에 켈시를 돌아보며 이렇게 말했다.

"켈시, 같이 들어갈래요? 할머니 손목이 빨리 낫도록 집에서 켈시 양이 할머니와 같이 할 수 있는 운동을 가르쳐줄게요."

치료실로 가면서 켈시는 우연히 문에 붙은 글귀를 봤다.

전엔 보지 못했다는 게 믿어지지 않았다.

우리의 서비스 비전:
환자를 가족처럼 대하고
건강을 회복하도록
보살피는 것

"방금 이곳의 서비스 비전을 봤어요."

치료실에 가서 세 여인이 자리에 앉을 때 켈시가 말했다.

"이 병원이 하는 일을 잘 표현한 서비스 비전이더군요. 어제 교수님이 서비스 비전에 대해 말씀해주셨거든요."

"설마 그 교수님이 하틀리 교수는 아니겠죠?"

"맞아요. 어떻게 아세요?"

"나도 거기 다닐 때 전설적인 서비스 강의를 들었거든요! 경영학 필수 과목이었어요. 세상 좁네요. 아니면 이 동네가 정말로 좁은 걸 수도 있고요."

아이리스가 웃으며 말했다.

"정말 신기하네요!"

켈시가 소리쳤다.

"알렉스가 선생님한테 서비스에 대해 많은 걸 배웠다고 말했거든요. 제가 배우고 있는 교수님에게 선생님도 배우셨다니 정말 반가워요."

"바로 그 수업에서 서비스 문화를 만드는 것의 중요성을 배웠죠."

아이리스가 계속 말했다.

"처음 개원했을 때, 직원들과 서비스 비전의 개념을 공유하고 우리 병원에 맞는 서비스 비전을 함께 만들었죠. 이젠 모든 직원이 우리가 하고 있는 일에 대해, 그리고 환자들에게 어떤 서비스를 제공해야 하는지에 대해 분명히 알고 있어요. 우린 한결같은 서비스를 제공하고 언제나 환자들을 최우선으로 생각하려고 노력하고 있답니다."

"맞아요. 제가 이제까지 본 바로는, 여기 계신 분들은 하나같이 서비스 비전을 몸소 실천하고 있어요. 서비스 비전이 진짜로 실행되는 걸 보니 정말 좋아요. 제 직장에서도 똑같이 할 수 있다면 얼마나 좋을까요."

"그 문제에 대해 같이 얘기해볼 수 있다면 좋겠어요. 켈시만 괜찮다면요. 서비스는 내가 열정을 쏟는 문제들 가운데 하나죠. 위대한 서비스를 제공하느냐 그렇지 못하느냐에 따라 사업이 성공하기도 하고 실패하기도 한다고 생각해요. 내가 서비스 분야의 전문가는 아니지만, 경영학 수업에서 배운 것들을 적용해왔고 그 덕에 병원이 잘 돼왔답니다."

"도움을 주시겠다니 정말 고맙습니다. 어떤 말씀이든 제겐 정말 소중한 도움이 될 거예요."

켈시가 감사해하며 말했다.

"저희 팀장님이 저한테 우리 지점에 맞는 서비스 비전을 만들어보라는 숙제를 내줬거든요. 그런데 어디서부터 시작해야 할지 눈앞이 캄캄해요."

"관리자의 지지를 받고 있다는 건 좋은 신호예요. 큰 조직일수록 관리자의 지지가 절대적으로 필요하죠."

전설적인 서비스의 모든 요소를 자신의 사업에 적용해온 아이리스 같은 사람을 멘토로 두게 됐다는 생각에 켈시는 몹시 기뻤다. 수업에서 배운 모든 내용을 확고히 하는 동시에 퍼거슨스에서 활용할 수 있는 생생한 조언을 얻을 이보다 더 좋은 방법은 없었다. 이런 행운이라니!

할머니의 치료가 끝날 즈음, 켈시와 아이리스는 토요일 아침에 근처 카페에서 만나기로 약속했다.

▲ ▲ ▲

병원에서 집으로 돌아오는 길에 켈시는 주문해놓은 피자를 가져가기 위해 잠시 차를 세웠다. 할머니가 차에서 기다리는 동안 켈시는 피자 가게로 들어갔다. 계산대 직원이 켈시의 신용카드로 결제를 하려고 할 때, 지배인이 다가와서 직원에게 물었다.

"라이언, 자네가 오늘 아침에 페퍼로니 썰었나?"

동작을 멈춘 직원은 지배인을 보더니 대답했다.

"네. 왜요?"

"슬라이서가 제대로 안 닦여 있잖아."

지배인은 목소리를 높이며 계속 소리쳤다.

"페퍼로니 썬 다음에 슬라이서 깨끗하게 닦아놓으라고 몇 번이나 말했어!"

직원과 지배인은 켈시를 등지고 돌아서더니 낮은 목소리로 얘기하기 시작했다. 직원이 혼나고 있는 게 분명해 보였다. 피자 상자는 이미 받아서 손에 들고 있었지만, 켈시의 카드는 아직 직원에게 있었다.

완전히 투명인간이 돼버린 듯한 느낌으로 서 있던 켈시

가 두 사람을 불렀다.

"저기요."

그 순간 지배인은 직원에게 하던 말을 멈추더니 주방 쪽으로 성큼성큼 걸어가버렸다. 켈시 쪽으로 돌아선 직원은 조용히 결제를 마쳤다. 그의 얼굴이 빨개져 있었다. 화가 나서인지, 창피해서인지, 아니면 둘 다인지, 켈시는 알 수 없었다.

그 두 사람 가운데 어느 누구도 켈시가 앞에 있다는 걸 신경 쓰거나 식어가는 피자를 들고 서서 그런 못 볼 광경을 보며 기다려야 했던 그녀에게 미안하다는 말 한마디 없다는 사실에 켈시는 기가 막혔다. 하지만 직원에게 아무 말 않기로 했다. 이미 잔소리에 지쳐 있을 테니 말이다.

▲ ▲ ▲

토요일 아침, 켈시는 카페에 늦지 않게 가기 위해 서두르면서 아이리스에게 할 질문들을 생각해봤다.

켈시가 주차장에 들어서고 바로 뒤에 아이리스의 차가 들어왔다. 카페로 들어간 두 사람이 마주 앉았다. 아이리스가 켈시에게 들려준 얘기는 하틀리 교수가 서비스 문화를 만드는 것에 관해 했던 얘기와 다르지 않았다.

"병원에서 난 직원들과 함께 무엇이 우리의 가치인지 정하는 작업을 했어요. 제일 먼저 '한결같은 성실성(Integrity in All Things)', 그다음으로 '높은 수준의 배려(Quality Care)', 이어서 '관계(Relationships)', 마지막으로 '학습(Learning)', 이렇게 정했죠."

아이리스가 말했다.

"왜 네 가지로만 하셨죠?"

켈시가 물었다.

"최소한 여덟이나 열 가지쯤은 원하셨을 것 같은데요."

"직원들이 집중할 수 있는 가치는 대개 몇 가지뿐이에요. 직원들이 집중하는 가치, 그게 바로 행동에 진정으로 영향을 미칠 수 있는 가치죠. 사실 우리도 처음엔 열두 가지의 가치로 시작했어요. 하지만 결국 서너 가지로 줄여야 한다고 생각하게 됐죠. 줄이는 건 쉽지 않았어요. 사실 내가 좋아하는 '학습'을 넣기 위해 바버라와 팔씨름까지 해야 했다니까요. 결국 내가 이겼어요!"

아이리스가 장난스런 미소를 지으며 말했고, 켈시는 한

숨을 쉬었다.

"퍼거슨스에선 그렇게 하려면 거쳐야 할 과정이 엄청 많아요. 서비스 문화 만드는 일에 직원들을 동참시키는 게 의외로 간단할 수 있다는 걸 간부들이 깨닫는다면, 그들도 그렇게 해보려 할 텐데 말이죠. 하틀리 교수님은 직원들이 바로 내부 고객이기 때문에 직원들과 먼저 시작해야 한다고 말씀하셨어요. 하지만 장담컨대, 퍼거슨스 관리자들은 직원들을 절대로 내부 고객으로 생각해본 적이 없을 거예요."

켈시는 지난 수업에 강의를 했던 숍스마트의 댄 머레이에 대해 말했다.

"숍스마트는 직원을 고객처럼 대하는 법을 아는 회사에요. 그런 리더십을 퍼거슨스가 좀 배웠으면 좋겠어요."

켈시가 말했다.

"머레이 씨가 하는 말을 들어보니 서비스라는 게 복잡하지 않고 재밌게 들렸어요. 그리고 서비스 문화가 숍스마트를 성공으로 이끈 요인 가운데 하나라는 게 분명해 보였죠. 그런데 퍼거슨스에서 진심으로 고객을 배려하는 사람이라곤 달랑 저하고 저희 팀장님밖에 없는 듯 느껴져요."

"하틀리 교수와 머레이 씨 말이 맞아요."

아이리스가 말했다.

"서비스 문화를 확립하는 일은 내부에서부터 시작해야 해요. 고객에게 훌륭한 서비스를 제공하거나 동료를 도와준 직원이 있을 때, 팀장이 매번 그런 직원을 칭찬해주면서 회의를 시작할 수도 있을 거예요. 직원들이 고객 서비스에 집중하길 원한다면 그런 행동을 한 직원들, 그러니까 내부 고객을 칭찬해줄 필요가 있어요. 팀장과 함께 작업을 계속하면서 그에게 용기를 북돋아주도록 하세요, 켈시. 틀림없이 변화를 만들어낼 수 있어요."

생각에 잠겨 고개를 끄덕이던 켈시는 문득 시계를 보고 이제 출근 시간이 다 됐음을 깨달았다. 켈시는 일어서서 아이리스에게 손을 내밀었다.

"시간 내주시고 좋은 말씀 들려주셔서 고맙습니다, 선생님. 흔쾌히 제 멘토가 돼주셔서 정말 감사합니다."

"켈시, 방금 생각난 게 있는데요, 혹시 야구 좋아해요?"

"그럼요. 할머니랑 저는 야구 마니아예요."

"잘 됐네요. 내일 야구장에서 무브라이트 병원 '팀 데이'가 있거든요. 우리 병원에서 팀 빌딩 야외활동의 하나로 매년 하는 행사인데, 표가 몇 장 남아 있어요. 놀라운 서비스

문화의 현장을 보고 싶다면, 할머님이랑 우리 병원의 초청
손님으로 야구장에 오셨으면 해요. 대형 화면에 우리 병원
의 이름도 번쩍거릴 거예요!"

"감사합니다. 굉장히 재밌을 것 같아요! 제가 마침 내일
비번이에요."

켈시가 말했다.

"할머니도 무척 신나하실 거예요. 이번 시즌엔 아직 야구
경기를 못 봤거든요."

"몇 년 전 새 야구장을 지으면서 야구장 쪽에서는 대규모
의 고객 서비스 프로그램을 시행했어요."

아이리스가 말했다.

"서비스 문화가 살아있는 곳이죠. 야구장에서 어떤 직원
을 만나든 서비스 문화를 볼 수 있을 거예요."

둘은 다음 날 만날 장소와 시간을 정한 뒤 작별인사를 하
고 헤어졌다. 내일 야구경기를 보러 간다고 할머니에게 말
할 걸 생각하니 켈시는 신이 났다. 좀 더 참신한 아이디어들
을 실행에 옮겨볼 새로운 의욕이 생긴 켈시는 차를 몰고 직
장으로 향했다.

▲ ▲ ▲

영업 시간이 시작되기 직전에 스티븐은 켈시와 그녀의 동료 두 명을 함께 불렀다.

"안타깝게도, 이번 주에 일곱 명의 직원이 그만둡니다. 그 가운데 두 명은 우리 팀의 패트릭과 에이미예요. 경영진에 선 당장은 직원을 충원하지 않기로 해서, 오늘부터 우리 매장 엔 이렇게 세 명뿐이에요. 나도 가능한 한 매장에 나와 있도 록 할게요. 더 바빠질 테니, 힘을 합쳐서 열심히 해봅시다."

스티븐은 태연한 체했지만, 이 상황에 스트레스를 느끼 는 게 분명했다.

"얼마나 오래 충원 없이 버텨야 하는 건가요?"

켈시가 물었다.

"내가 전달받은 내용은 그것뿐이에요."

스티븐이 고개를 저으며 대답했다.

"정말 미안하지만, 지금은 그냥 최선을 다합시다."

스티븐의 예상처럼 그날 하루는 정말 바빴고, 고객들은 긴 줄에 짜증을 냈다. 개학철의 토요일은 모자란 인력으로 대처하기에 적절한 때가 아니었다. 스티븐과 켈시, 그리고 나머지 팀원 두 명이 온 힘을 쏟아 최선을 다했지만, 매장 분위기는 좋지 않았다.

"토요일 오후인데 직원이 이것밖에 없다니 어이없군."

어떤 남자가 켈시를 지나치며 불평했다.

"숍스마트가 빨리 문을 열어야 할 텐데."

남자와 함께 걷던 여자가 거들었다.

▲ ▲ ▲

직장에서 힘든 하루를 보냈지만, 그래도 일요일에 재밌는 일이 기다리고 있다고 생각하니 켈시는 기분이 좋았다.

일요일, 켈시와 할머니는 야구장 입구에서 아이리스와 알렉스를 비롯한 병원 직원들과 만났다.

보안 검사대를 통과할 때, 경비원 한 명이 할머니의 큰 핸드백을 보고 웃으며 동료 경비원에게 말했다.

"와, 메리 포핀스의 핸드백 같네. 자세히 살펴보는 게 좋겠는걸. 안에 램프가 들어 있을지도 모르니 말이야!"

"큰 백으로 가져올 수밖에 없었다우. 내 하나뿐인 야구 글러브가 들어가는 핸드백은 이것뿐이거든."

경비원이 핸드백을 안을 들여다보자 할머니가 핸드백에서 글러브를 꺼내 보이며 말했다. 그러자 다른 경비원이 글러브를 가리키며 물었다.

"그 글러브로 파울 볼 몇 번이나 잡아보셨어요?"

"아직은 없지만 이번엔 뛰어내려가서라도 잡아야지!"

할머니가 농담을 했다. 켈시는 경비원들이 관람객의 안전을 지키는 매우 심각한 일을 하고 있음에도 불구하고, 할머니와 즐겁고 따뜻한 교감을 나누는 모습을 눈여겨보지 않을 수 없었다.

자리를 찾아 앉은 할머니가 좌석 안내원에게 말을 걸었다.

"일찍 와서 얼마나 다행인지 몰라요. 난 초구 놓치는 거 정말 싫어하거든."

"예, 부인. 일찍 오셔서 저도 반갑습니다."

안내원이 웃으며 대답했다.

"글러브 가져오셨네요? 여기가 파울 볼 잡기엔 명당이거든요. 행운을 빌겠습니다!"

일행 모두 자리를 찾아 앉았을 때 아이리스가 켈시에게 말했다.

"난 야구를 정말 좋아해요. 일요일 경기는 가능한 한 많

이 와서 보려고 해요. 여기 직원들은 어떻게 해야 관객들이
환영받고 존중받는다고 느끼는지 정말 잘 알고 있어요."

경기장을 보던 켈시는 점수판에 붙어 있는 큰 표지판에
주목했다. 맨 위에 경기장의 로고가 있고 그 밑엔 이렇게 쓰
여 있었다.

켈시가 표지판을 보고 있는 걸 아이리스가 눈치 챘다.

"여기서 일하는 모든 직원은 관객들에게 추억이 될 경험
을 만들어주는 걸 임무로 삼고 있답니다."

"정말 그런 것 같아요. 저한테도 지금 그런 추억을 만들
어주고 있는걸요."

지금까지 겪은 일들로 이미 감동을 받은 켈시가 말했다.

아이리스와 켈시가 얘기를 나누고 있을 때, 잘 차려입은

한 남자가 다가오더니 켈시 일행이 앉아 있는 열에 멈춰 섰다. 아이리스가 그 남자를 알아보고 미소를 지어 보이며 말했다.

"켈시, 케이트, 소개해드릴게요. 이쪽은 이 야구장의 운영 총책임자이자 제 좋은 친구인 레지 알데르센이에요. 내가 레지한테 켈시가 고객 서비스를 공부하는 중인데 이 야구장이 서비스 문화를 어떻게 정착시켰는지 듣고 싶어 할 거라고 말했어요."

켈시가 레지와 악수했다.

"점수판에 붙어 있는 비전 선언문 봤어요."

켈시의 말에 레지가 웃으며 얘기했다.

"5년 전 개장할 때, 우린 직원과 관객을 비롯해서 야구장에 있는 모든 사람에게 우리의 서비스 비전과 가치를 확실히 알리기로 마음먹었습니다. 그래서 직원 모두 고객 서비스 훈련을 받게 했고, 그들에게서 최고의 아이디어들을 이끌어냈죠. 직원들의 피드백을 지속적으로 확인하고 그들이 일을 잘해냈을 때 칭찬할 수 있는 공간인 내부 웹사이트도 만들었습니다."

레지가 계속 말을 이었다.

"보셨듯이, 우리의 서비스 비전은 메이저리그의 추억을 만들어주는 겁니다. 우리가 추억을 만들어주는 일을 잘해낸다면, 관객들은 야구장을 나가면서 다음번엔 누굴 데리고 올지 얘기할 겁니다. 여기서 멋진 시간을 보낸 관객들은 다른 사람들과 그 경험을 나누려 할 거라는 뜻이죠."

"제가 여기 처음 왔을 때가 기억나네요."

알렉스가 끼어들었다.

"형하고, 여덟 살과 열 살인 조카들까지 같이 왔었거든요. 경기장을 나설 때 조카 녀석이 이렇게 말하더라고요. '아빠, 다음에 올 때 제 친구 매튜 데리고 와도 돼요? 걔가 정말 좋아할 거예요.'"

"어떻게 하면 사람들이 편안해하고 즐거워할지 직원들이 잘 알고 있는 것 같더군요."

할머니가 말했다.

"심지어 경비원들도 좋은 추억 만드는 방법을 알고 있으니 말이우."

"그렇게 느끼셨다니 다행입니다."

레지가 말했다.

"우리의 비전과 가치를 직원들에게 확실히 이해시키려

고, 맨 처음 경기가 끝나고 관중들이 모두 떠난 후에 일선 부서와 후선 부서 직원들을 모두 경기장으로 내려오게 했죠. 그러곤 베이스를 걷게 했습니다."

"직원들이 엄청 흥분했겠네."

할머니가 말했다.

"정말 좋아했죠."

레지가 웃으며 말했다.

"각 베이스마다 우리의 네 가지 가치를 차례차례 표지판으로 세워놓았습니다. 1루 표지판엔 이렇게 쓰여 있었습니다. '안전-우리의 첫 번째 가치.' 만약 관객이 들것에 실려 경기장을 떠난다면, 그건 멋진 메이저리그 추억이 되지 못할 테니까요."

"당연하지!"

할머니가 외쳤다.

"2루 표지판엔 이런 말이 쓰여 있었죠. '서비스-우리의 두 번째 가치.'"

"3루는 뭐였나요?"

켈시가 물었다.

"'재미-우리의 세 번째 가치.'"

레지가 말했다.

"일선 부서의 한 직원이 제안했던 거였어요. 그녀가 '젊었을 때 했던 데이트 기억나세요? 당신이 재미없었다면, 데이트 상대가 당신하고 다시 만나자고 할 확률이 얼마나 되던가요?' 라고 묻더군요."

"꽝이지 뭐."

할머니가 웃으며 말했다.

"하지만 댁이 재밌었다면, 그 아가씨도 재밌었겠지."

"바로 그거예요."

레지가 말했다.

"그래서 서비스를 제공하는 우리가, 심지어 경비원들까지도 재밌는 시간을 보낸다면, 관객들 역시 재밌는 시간을 보내고 우리 야구장을 다시 찾을 가능성은 높아지죠."

"네 번째 가치는 뭐죠?"

켈시가 물었다.

"홈 표지판에는 '성공—우리의 네 번째 가치' 라고 쓰여 있었습니다. 흔히 성공이라고 하면, 수익이 잘 나도록 조직을 운영하는 게 전부죠. 결국 성공만 생각하면 재미와는 거리가 멀어집니다. 하지만 우린 성공을 가치들 가운데 네 번째로 됐습니다. 그래서 우린 무리하게 비용을 줄임으로써 사람들을 위험에 빠뜨릴 수 있는 그 어떤 일도 하지 않습니다. 직원을 줄이지도 않습니다. 도와줄 직원도 없어서 불편한데 추억이 가득한 시간을 보낼 리는 만무하니까요."

"가치에 순서가 매겨져 있는 게 흥미롭네요."

켈시가 말했다.

"때론 가치들이 서로 충돌하기 때문에 순서를 두는 건 중요합니다. 예를 들어, 좌석 안내원이 어떤 일로 당신을 도와주고 있는데, 관중석 어딘가에서 비명소리가 들렸다고 해보죠. 그러면 아마 그 안내원은 뒤로 돌아 비명소리가 난 쪽으로 뛰어갈 겁니다. 우리의 첫 번째 가치는 안전이니까요."

"이해가 되네요."

켈시가 말했다.

"정말 합리적이에요."

"켈시, 내가 왜 여기 데려왔는지 알겠죠?"

아이리스가 말했다.

"여기 사람들은 정말 제대로 서비스를 해요. 레지가 말해 줬는데, 개장한 첫 해 여름에 서비스에 감동을 받았다는 관객들의 이메일과 편지를 7,500통이나 받았대요."

켈시가 감탄하며 말했다.

"와! 그런 편지를 받은 이유를 알겠어요."

레지는 인사를 한 다음 자리를 떠났고, 켈시와 할머니는 경기 시작 전에 뭘 좀 먹기로 했다. 병원 직원들의 주문 목록을 손에 든 알렉스가 켈시에게 푸드코트에 함께 가자고 했다.

"오늘은 제가 핫도그 배달원이에요."

같이 계단을 올라가며 알렉스가 말했다.

켈시는 치킨 타코 샐러드 두 개와 음료수를 주문했고, 옆으로 간 알렉스는 병원 직원들을 위해 핫도그와 음료수를 주문했다.

자리로 돌아온 켈시는 봉지를 열어 샐러드가 담긴 용기 하나의 뚜껑을 벗겼다.

"아이, 참."

켈시는 투덜거리며 할머니를 봤다.

"샐러드를 잘못 줬네. 이건 치킨이 아니라 소고기잖아."

할머니 것도 열어보니 소고기였다.

"이런……."

알렉스가 보더니 말했다.

"켈시, 가서 음식이 잘못 나왔다고 말하세요. 바꿔줄 거예요."

"괜찮아요."

켈시는 피자 가게 직원과 그 지배인 사이에 벌어졌던 광경을 떠올렸다. 켈시는 누군가가 난처해지는 걸 원치 않았다.

알렉스가 일어섰다.

"자, 내가 같이 가줄게요. 여기 직원들이 진짜로 고객을 배려하는지 한번 봅시다."

켈시는 마지못해 알렉스와 함께 푸드코트로 갔다. 켈시는 그녀의 주문을 받았던 직원에게 다가갔다.

"죄송한데요, 제가 시킨 건 치킨 샐러드인데, 열어보니 소고기가 들어 있네요."

켈시는 직원 앞에 샐러드를 올려놓으며 조용히 말했다.

"죄송해야 할 사람은 바로 저죠."

직원이 재빨리 샐러드를 치우며 말했다.

"치킨 샐러드 두 개 바로 준비해드릴게요."

1분도 지나지 않아 새 샐러드 두 개와 봉지 두 개를 더 들고 돌아온 직원은 커다란 봉지에 그것들을 모두 담았다.

"감자튀김하고 과카몰리(guacamole, 아보카도를 으깬 것에 양파, 토마토, 고추 등을 섞어 만든 멕시코 요리-옮긴이)도 무료로 넣어드렸어요."

"어머, 고마워요. 그러실 필요 없는데."

"괜히 두 번 걸음 하셨는데 해드릴 게 이것밖에 없네요."

함께 자리로 돌아가면서 알렉스가 말했다.

"거봐요. 바꿔줄 거라고 그랬잖아요."

자리로 가는 계단을 내려가기 위해 모퉁이를 막 돌려고 할 때, 켈시는 마름모꼴의 야구장 그림이 그려진 벽에 어떤 구호가 적혀 있는 걸 보고 멈춰 섰다. 마름모꼴의 한가운데에 야구장 로고가 있었고, 그 밑에는 '고객 서비스의 홈런을 치자!'라고 쓰여 있었다. 그리고 마름모꼴의 베이스마다 1루에는 안전, 2루에는 서비스, 3루에는 재미, 홈에는 성공이라고 쓰여 있었다.

"멋지네요."

켈시가 감탄하며 말했다.

"모두가 볼 수 있도록 여기 네 가지 가치가 순서대로 적혀 있네요."

"여기 직원들은 서비스에 대해 정말 진지하죠."

알렉스가 말했다.

자리에 도착한 켈시가 아이리스에게 말했다.

"선생님 말이 맞았어요. 여긴 정말 특별한 곳이에요."

경기가 끝나갈 즈음 아이리스가 말했다.

"켈시, 할머님 글러브 좀 껴봐요. 그리고 잘 보세요!"

할머니가 재빨리 켈시에게 글러브를 줬고, 아이리스는 손을 흔들어 통로를 올라오는 땅콩 판매원을 불렀다. 판매원은 일고여덟 열가량 떨어져 있었지만, 땅콩 봉지를 튕겨 올리더니 켈시가 들고 있는 글러브를 향해 관객들 머리 위로 던졌다.

땅콩 봉지가 탁 하는 상쾌한 소리를 내며 글러브에 정확히 들어갔다. 주위의 관객들이 모두 환호했다.

"오늘 파울 볼은 없었지만, 땅콩은 멋지게 잡았구나."

할머니가 웃으며 말했다.

그날 밤, 야구장에서 보고 배운 것들 때문에 크게 고무된 켈시는 서비스 비전 선언문을 인터넷으로 검색해봤다. 몇 가지 예를 찾은 켈시는 퍼거슨스의 서비스 비전에 어울릴 만한 것들을 적어내려가기 시작했다. 스티븐과 나누고 싶은 몇 가지 생각들도 메모를 한 켈시는 내일 아침 회의 전에 만나기로 한 걸 잊지 말라는 짧은 이메일을 그에게 보냈다. 켈시는 이번 주엔 스티븐이 그녀를 볼 시간이 있기를 바랐다.

▲ ▲ ▲

월요일, 회의 30분 전에 도착한 켈시는 잠시 후 회의실로 들어오는 스티븐을 반갑게 맞이했다.

"좋아요, 켈시. 좋은 소식을 듣고 싶군."

회의 탁자에 앉으며 스티븐이 말했다.

"생각한 걸 말해봐요. 같이 얘기하다 보면 좋은 아이디어가 떠오를지도 모르니까."

"퍼거슨스의 서비스 비전을 생각해봤어요."

켈시가 말했다.

"우선 마음속으로 고객들과 상호작용하는 상황을 상상해보고, 과연 어떤 서비스를 제공해야 고객들이 다시 찾아올지 고민해봐야 한다는 생각이 들었어요. 그러면서 제게 떠오른 비전은 이거예요. '날마다 모든 고객에게 참된 가치와 배려의 서비스를 제공하는 것.' 어때요?"

"흠……."

스티븐은 그 문구를 적더니 잠시 뜸을 들였다가 소리 내어 읽었다.

"날마다 모든 고객에게 참된 가치와 배려의 서비스를 제공하는 것."

스티븐은 켈시를 올려다보더니 미소를 지었다.

"괜찮은데! 다음 관리자 회의 때 이게 우리 회사의 새로운 서비스 비전으로 어떨지 제안해봐야겠군. 일단 경영진의 허락을 얻으면, 이 비전 선언문을 몇 장 만들어 붙여서 직원들이 매장에 나가거나 쉬러 들어올 때 읽을 수 있도록 해야겠어요."

스티븐이 마음에 들어 하자 켈시는 용기를 얻었다.

"고객들이 볼 수 있게 정문에 붙여놓는 방법도 있어요."

켈시는 야구장에 붙어 있던 가치와 비전 선언문에 대해 얘기했다.

스티븐이 열의를 보이기 시작했다.

"그것도 좋은 생각이군. 혹시 '변화는 바로 우리들이 만듭니다' 라든가 '직원 여러분을 최우선으로 생각합니다' 처럼 직원들 사기를 높이는 문구를 액자에 넣어 휴게실 주변에 걸어놓는 건 어때요? 그렇게 하면 직원들이 좀 더 존중받는다고 느끼지 않을까?"

켈시가 머뭇거렸다.

"문제는, 그런 말이 진심이란 걸 경영진이 행동으로 보여 줘야 한다는 거예요. 경영진의 진심이 담겨 있다는 생각이 들지 않으면, 아무 의미도 없는 듣기 좋은 말에 불과하죠."

"이런."

스티븐이 말했다.

"인정하긴 싫지만, 켈시 말이 옳아요. 말보다 실천이 앞 서야지!"

"서비스 비전 선언문도 마찬가지예요. 팀장님께서 회의 때마다 저희가 서비스 비전에 대해 서로 얘기를 나누고 그 걸 가슴에 새기도록 하셔야 할 거예요."

켈시가 말했다.

"그게 바로 서비스 문화를 만들어가는 일이기도 하죠. 모 든 직원이 고객에 초점을 맞추고 비전과 가치를 실현하도록 지속적으로 책임감을 갖게 해야 한다는 의미예요. 가치 얘 기가 나왔으니 말인데요, 혹시 다음 관리자 회의 때 퍼거슨 스에 공식적인 가치 목록이 있는지 물어봐주실 수 있나요?"

"없다면 말이 안 되지."

스티븐이 말했다.

"하지만 가치에 대해 들어본 적은 한 번도 없는 것 같네."

켈시는 말할까 말까 망설이다가, 강의를 하러 왔던 숍스마트의 댄 머레이 얘기를 했다.

스티븐의 표정이 심각해졌다.

"나도 댄 머레이에 대해 들어본 적이 있는데, 숍스마트 성공의 주역 가운데 한 사람이라더군. 길 아래 숍스마트가 문을 연다는 소리에 우리 회사 경영진이 긴장하는 것도 당연해요. 숍스마트 사람들은 말한 대로 실천하는 사람들이니까."

"댄 머레이는 자기가 무슨 말을 하는지 명확히 알고 있더라고요."

켈시가 말했다.

"게다가 아주 쉽게 설명해줬죠. 그 사람과 퍼거슨스에 대해서도 얘기했는데 서슴없이 조언을 해줘서 정말 도움이 됐어요."

스티븐은 약간 불편한 표정이었다.

"우리 영업 비밀까지 말해준 건 아니겠죠?"

멋쩍은 웃음과 함께 그가 물었다.

"비용을 줄이기보다는 서비스에 초점을 맞춰야 한다는 사실을 어떻게 우리 회사 간부들이 모를 수가 있는지 이해가 안 돼요."

켈시가 대꾸했다.

"게다가 이젠 인력 충원을 동결한다고요? 팀장님, 관리자도 아닌 제가 주제넘은 소리인지 모르겠지만, 숍스마트가 개점하려는 지금은 인력 충원을 동결하기에 분명 최악의 시점이에요."

"켈시, 방금 아이디어가 떠올랐어요. 켈시가 알게 된 모든 걸 문서로 작성해줘요. 경영진에 보고할 프레젠테이션 자료를 나랑 같이 만들어봐요. 서비스 비전에만 국한하지 말고, 고객 서비스 전반을 아우르는 계획을. 지금이 바로 퍼거슨스가 숍스마트의 진정한 경쟁자로 자리매김할 적기인 것 같군요. 그리고 우리가 제일 먼저 해야 할 일은 숍스마트의 서비스 문화를 따라 해보는 거예요."

"정말 훌륭한 생각이에요! 능력이 닿는 대로 도울게요."

켈시는 진심을 다해 지지를 보냈다.

스티븐이 자리에서 일어나며 말했다.

"내가 여기서 관리자로 일한 지 5년이 됐지만, 고객 서비스에 대해 켈시처럼 말하는 직원은 본 적이 없어요. 고객 서비스에 대한 열정에 정말 감동받았어요. 이런 태도와 투지라면, 켈시는 이 회사와 오래도록 함께할 거라는 생각이 드는군요."

정말 그렇게 될까. 켈시는 생각했다. 하지만 켈시는 그저 미소를 짓고 "감사합니다"라고 대답했다.

상대의 취향과
욕구를 이해하라

화요일 아침, 켈시는 학생들에게 프로젝션 스크린을 주목하라고 말하는 하틀리 교수를 흥미롭게 지켜보고 있었다.

I - 이상적인 서비스
C - 서비스 문화
A - 주의 집중(Attentiveness)
R -
E -

하틀리 교수는 설명을 시작했다.

"조직이 일단 서비스 비전을 찾았다면, 그다음 단계는 고객은 누구이며 그 고객들이 무얼 원하는지 파악하는 일입니다. 이를 고객에 대한 주의 집중이라고 부릅니다."

교수는 노트북을 두드려 슬라이드를 넘겼다.

> 주의 집중: 고객의 취향과 욕구를 이해하기

"자, 이제 여러분 각자 지금 일하는 곳 혹은 일하고 싶은 곳의 고객 유형을 모두 적어보십시오. 6분 드리겠습니다."

켈시는 퍼거슨스의 고객 유형을 생각나는 대로 재빨리 적어내려갔다.

- 자녀의 학용품과 옷을 쇼핑하는 학부모들
- 고등학교나 대학교 학용품, 옷, 전자제품, 스포츠용품을 구입하는 청소년들
- 옷, 전자제품, 사무용품, 스포츠용품을 찾는 성인
- 다양한 소득 수준의 고객들

교수가 강의실을 이리저리 돌아다니기 시작했다.

"이제 작성한 목록을 보면서 생각해보십시오. 그 고객들 모두 취향과 욕구가 똑같습니까? 달리 말하면, 그 고객들을 모두 동일한 방식으로 응대해야 할까요?"

교수는 켈시의 목록을 힐끗 봤다.

"켈시는 청소년들과 자녀를 위해 쇼핑하는 부모들을 다른 유형의 고객으로 적어놓았네요. 그 두 유형의 고객을 동일한 방식으로 응대하겠어요?"

"아뇨. 절대로 아니죠."

켈시가 대답했다.

"두 유형의 고객 모두 공손하고 정중하게 대하겠지만, 청소년들을 상대할 때는 부모들을 상대할 때완 다르게 말할 겁니다."

"왜죠? 왜 다르게 말하죠?"

"청소년들을 상대할 때는 그들과 공감대를 형성할 수 있도록 그 나이 때 제가 관심 있었던 것과 연결 지어 말해야겠지만, 부모들을 상대할 때는 자녀에게 필요한 게 뭔지 파악해서 적절한 제품을 알려드려야 하기 때문입니다. 뭐가 필요한지 잘 아는 부모들이라 해도, 대개는 청소년들보다

시간 여유가 없기 때문에 필요한 제품을 빨리 찾을 수 있도록 도와주는 게 좋습니다."

"아주 좋은 예를 말해줬어요. 고마워요."

하틀리 교수가 말했다.

"방금 켈시가 설명한 게 바로 성공한 기업들이 고객을 더 잘 이해하기 위해 하는 방식입니다. 고객 프로파일링(customer profiling)이라고 하죠. 고객 프로파일링은 다양한 고객 유형과 그 고객들의 구체적인 취향을 파악하는 매우 좋은 도구입니다. 그렇게 함으로써 개별 고객의 욕구를 충족시킬 수 있을 뿐만 아니라 지속적으로 서비스를 개선하는 방법을 찾을 수 있습니다."

교수는 학생들에게 교과서에서 '고객 프로파일 질문'이라는 제목의 페이지를 펼치라고 했다.

"실제로 고객 프로파일링 작업을 해보겠습니다. 시간을 드릴 테니, 내부 고객과 외부 고객에 대한 몇 가지 질문에 답을 해보세요. 여기서 내부 고객이란 조직 내 다른 직원이나 다른 부서를 의미합니다. 가령 여러분 가운데 다른 부서를 위해 재고 조사를 한다든지 뭔가를 환급해주는 일을 하는 사람 없습니까? 직원이든 부서든 선택해서 그 직원이나 부서에 관련된 질문에 답해보십시오."

잠시 후 하틀리 교수가 다시 말했다.

"다 했으면, 외부 고객에 대해서도 동일한 질문에 답해보십시오. 고객이 여러분에게 뭘 원하는지, 여러분은 대개 어떻게 반응하는지, 그리고 어떤 방법으로 고객의 기대를 뛰어넘을 수 있는지 생각해봐야 합니다. 고객에게 어떤 걸 알려줘야 고객 충성을 이끌어낼 수 있을까요? 성공을 어떻게 측정하겠습니까? 좀 전에 여러분이 적었던 목록을 다시 살펴보고 그 가운데 한 유형의 고객을 택해서 이런 질문에 답해보십시오."

질문에 답을 해나가면서 켈시는 장신구 매장의 레이첼을 비롯해 다른 부서에서 일하는 동료들 역시 자신의 고객임을 새삼 깨달았다. 전에는 그렇게 생각해본 적이 없었다.

외부 고객에 대한 질문에 답을 하면서는 고객 유형에 따라 질문의 답도 완전히 달라진다는 사실을 알게 됐다.

"다 적고 나면, 짝을 정해서 서로의 답을 나눠보세요. 시간이 좀 걸리겠지만, 다른 사람들이 상대하는 고객의 유형이 얼마나 다양한지 들어보면 흥미로울 겁니다."

학생들은 돌아다니며 서로의 노트를 비교해보기 시작했

다. 켈시는 옆에 앉은 행크라는 이름의 중년 남자를 돌아봤다. 그는 몇 년 전 군을 전역하고 동네에 작은 술집을 열었다고 했다.

"그러니까, 우리 가게 손님 가운데 일주일에 두세 번은 퇴근 후에 들르는 마크라는 손님이 있어요. 그 사람은 늘 바에 앉죠. 마크가 나한테 원하는 거요? 대개는 맥주죠. 하하!"

행크는 웃으며 교과서의 다음 질문을 봤다. 행크가 자신의 일을 즐기고 있다는 게 분명히 느껴져 켈시는 미소를 지었다.

"평소에 내가 하는 일은 마크에게 맥주를 주고 그가 직장에 대해 불평하는 걸 들어주는 정도죠. 잊지 않고 마크의 이름을 불러주거나 말하지 않아도 찬물과 맥주컵 받침을 갖다주는 게 그의 기대치 이상으로 신경 쓰려 한 부분이고요. 한 번은 마크가 팝콘을 좀 달라고 한 적이 있었어요. 그래서 지금은 그가 들어오는 걸 보면 바의 테이블 위에 팝콘 그릇을 놔두죠. 그리고 마크에게 알려줄 수 있는 게 뭐가 있을까요? 우리 가게에 있는 다양한 생맥주에 대해 알려주면 좋을 것 같네요. 마크는 매번 똑같은 맥주만 시키거든요. 마크가 올 때마다 색다른 맥주를 시음해보도록 하는 것도 괜찮을 것 같군요. 마크가 좋아할 거예요."

행크는 다시 교과서를 봤다.

"그리고 내가 마크를 성공적으로 대하고 있다는 건 그가 일주일에 두세 번은 들르고 가끔은 친구까지 데리고 온다는 사실에서 알 수 있어요. 어젠 다음번 볼링 대회가 끝나면 볼링 팀 사람들을 데리고 와야겠다는 말까지 했거든요."

"다른 손님들도 대부분 마크랑 비슷한가요?"

켈시가 물었다.

"오, 아녜요."

행크가 말했다.

"예를 들어 토요일 오후에 몇 번 찾아온 멋진 젊은 커플이 있는데, 그들은 구석자리 테이블에 노트북을 놓고 편하게 앉아 있죠. 아마 작가들인 거 같은데, 우리 가게에서 무료 와이파이가 돼서 좋은 모양이에요. 대개 와인을 주문하고 2시간쯤 앉아 있어요. 프레첼 과자를 좋아해서, 그 커플에겐 프레첼 과자를 담은 그릇을 내놓는답니다."

짝을 지어 서로의 생각을 나누는 시간을 마무리하고 수업을 마치면서, 교수는 매우 흥미로운 주장을 들려줬다.

"여러분이 기억해야 할 게 있습니다. 고객에게 주의를 집중한다는 것은, 고객과 그들의 취향을 파악하는 것뿐만 아니라 여러분이 고객에게 주는 인상에도 주의를 집중한다는 뜻입니다. 첫인상이 중요하다는 말, 다들 들어본 적 있죠?"

그 순간 켈시는 "첫인상을 줄 기회는 두 번 다시 오지 않는 법이란다"라던 어머니의 말을 떠올렸다.

"흥미로운 사실을 말씀드리죠. 연구에 따르면, 우리의 경험을 결정하는 건 사실 마지막 인상이라고 합니다. 모든 과정이 아무리 훌륭했다 해도, 고객이 여러분과의 마지막 상호작용에서 나쁜 인상을 받았다면 그때까지의 모든 긍정적인 경험은 일시에 사라질 수 있습니다."

그 말을 듣자마자 켈시는 지난번에 갔던 미용실을 떠올렸다. 첫인상은 아주 좋았지만, 결국 몇 분 지나지 않아 켈시는 그곳을 나와버렸고 다시는 가지 않았다.

"이번 주 과제는 고객 프로파일링을 하고 있는 조직 두 곳을 인터넷에서 찾아보는 겁니다. 고객 프로파일링에서 얻은 정보를 그들이 고객의 유익을 위해 어떻게 활용하는지 조사해보십시오. 두 페이지로 작성해서 수업 시작 전에 제출하세요. 또 하나, 이건 재미 삼아 해보면 좋을 듯한데, 한 주 동안 여러분이 고객으로서 받은 첫인상과 마지막 인상을 비교해보고, 어떤 인상이 정말로 여러분의 경험을 결정짓는지 생각해보기 바랍니다."

▲ ▲ ▲

알렉스가 예약 시간에 늦는 바람에 기다리는 켈시와 할머니에게 바버라가 음료를 들겠냐고 물었다.

"마실 것 좀 드릴까요? 커피하고 차, 탄산음료, 물이 있는데요."

"실례가 안 된다면 차 한 잔만 줄래요?"

할머니가 말했다.

"그럼요, 마음에 드는 걸로 고르세요."

바버라는 열 가지의 다양한 티백이 들어 있는 아름다운 상자를 열었다.

"흠…… 차이(chai)로 할게요."

"감사합니다. 금방 준비해드릴게요. 켈시 양은 뭘 드릴까요? 항상 물병 갖고 다니는 거 봤는데, 물로 드릴까요?"

"네, 좋아요. 감사합니다. 오늘 서둘러서 오느라 물병 챙기는 걸 깜빡했네요."

잠시 후 바버라는 뜨거운 차가 담긴 예쁜 찻잔과 차가운 생수 한 병을 들고 왔다.

"5분 정도면 알렉스가 도착할 거예요. 도로 공사를 하는 바람에 다들 늦네요. 기다리시게 해서 죄송합니다."

할머니가 켈시를 돌아보며 말했다.

"이렇게 맛있는 차를 마시니 기다리는 게 하나도 지루하지 않구나. 그리고 봐라. 찻잔은 어쩜 이렇게 예쁘니!"

바버라와 켈시는 서로를 바라보며 웃었다. 이 병원은 여든 살 할머니를 행복하게 만드는 아주 세세한 부분까지도 알고 있는 것 같아 켈시는 놀라울 따름이었다.

"기다리시게 해서 정말 죄송합니다."

잠시 후에 알렉스가 문으로 뛰어들어오며 말했다. 그는 할머니에게 다가가선 손을 내밀었다.

"치료실로 가시죠. 찻잔은 제가 들고 갈게요."

알렉스는 켈시를 보고 활짝 웃으며 말했다.

"켈시 양, 어떻게 지냈어요? 아직도 땅콩 봉지 멋지게 잡았던 생각에서 헤어나지 못 한 거 아녜요?"

"하나도 안 웃겨요."

켈시가 웃으며 말했다.

▲ ▲ ▲

며칠 동안 퍼거슨스의 분위기는 긴장감으로 가득했다. 간부들은 매장이나 회의에서 직원들에게 고함을 지르며 지시를 했다. 켈시는 간부들의 신경이 점점 날카로워지는 이유가 숍스마트의 개점이 임박했기 때문일 거라고 생각했다. 켈시는 약간 여유가 있는 틈을 타 스티븐에게 몇 차례 말을 걸어보려 했지만, 그는 다른 일에 정신이 팔려 켈시와 얘기를 나눌 시간이 없어 보였다. 스티븐은 월요일 아침 켈시와의 비밀 회의도 취소해버렸다.

월요일 팀 회의 때 켈시는 스티븐의 신경이 곤두선 이유를 알게 됐다.

"오늘 본사의 에릭 글래치 운영담당 부사장님이 우리 지점을 방문하실 겁니다."

스티븐이 말했다.

"매장을 다 둘러보고 관리자들과 회의를 할 예정입니다. 여러분도 알다시피, 매출은 정체돼 있고 고객 불만은 늘어가다 보니 부사장님 같은 고위 경영진이 직접 나와 상황을 점검하는 겁니다. 숍스마트의 개점이 임박한 상황에서, 본사에선 우리 지점의 실적에 대해 우려를 나타내고 있어요. 하지만 좋은 소식도 있죠. 우리 가정·사무용품 매장만 유일하게 매출이 증가했고 고객 불만도 없었다는 거!"

그 말과 함께 스티븐이 박수를 치기 시작하자, 모두들 박수를 치며 웃었다.

"여러분은 박수를 받을 자격이 있어요. 다들 정말 잘하고 있으니까. 여러분이 점점 더 열심히 하고 있고, 한 팀으로 더 똘똘 뭉쳐 일한다는 거 내가 잘 알아요. 특히 이렇게 일손도 모자란 상황이니, 여러분의 노고에 감사를 표하고 싶군요. 지난 몇 주 동안 지켜보니 여러분의 근무 태도도 더 좋아지고 있었어요. 부사장님이 오셨을 때 여러분 모두 최선을 다해 노력하는 모습을 보여주리라 믿어요. 나도 오늘은 대부분 매장에 나와 있을 거예요. 선반에 제품 정리 확실히 하고 이름표 잘 달도록 합시다."

모두 회의실을 나서던 중에, 켈시는 롭과 달라가 나누는 얘기를 우연히 듣게 됐다.

"우리가 열심히 일하는 걸 팀장님이 알아주니 정말 일할 맛 나는데. 팀장님이 우리를 관심 있게 지켜보고 있어서 기분 좋아."

"그래, 팀장님은 훌륭해. 그런데 지난주에 부지점장 한 명이 나한테 와서 선반 정리가 잘 안 됐다고 엄청 야단을 치지 뭐야."

달라가 말했다.

"이봐, 친구들."

켈시가 끼어들었다.

"오늘 최선을 다해서 고객들을 감동시켜보자고. 그럼 간부들이나 부사장님도 알게 되지 않을까?"

롭과 달라가 고개를 끄덕였다. 지난주에 켈시는 롭이 전보다 열심히 일하고 고객들에게도 더 친절하게 대한다며 스티븐이 칭찬하는 소리를 들었다. 아직 고위 간부들까진 알지 못 했지만, 스티븐이 가정·사무용품 매장 직원들을 더 존중하기 시작하면서 직원들의 태도도 나아지고 있었다.

점심시간 직전에 부사장이 나타났을 때, 그 뒤를 간부들이 무리를 지어 따르는 통에 누가 부사장인지 단박에 알 수 있었다. 모두들 심각한 표정이었다. 관리자 한 명이 스티븐에게 부사장을 소개했다.

"다시 뵙게 돼 반갑습니다, 부사장님."

인사를 한 스티븐은 몸을 돌려 자신의 팀으로 향했다.

"저희 팀원들을 소개해드리겠습니다. 이쪽부터 달라, 롭, 켈시입니다."

스티븐이 호명할 때마다 각자 미소를 지으며 "안녕하세요"라고 인사했다. 롭과 켈시는 손을 내밀어 부사장과 악수를 나눴다.

"반갑군."

부사장은 악수하는 팔을 크게 흔들며 차갑게 말했다.

"저희 매장은 매출을 계획 대비 4% 초과 달성한 상태입니다. 그리고 이번 분기에 저희 가정·사무용품 매장에선 고객 불만 사례가 한 건도 없었다는 점을 자랑스럽게 말씀드립니다."

스티븐이 말했다.

"뿐만 아니라 켈시 양은 고객으로부터 훌륭한 서비스를 칭찬하는 편지를 받기도 했습니다."

켈시는 의기양양한 미소를 지었다. 부사장은 매우 근엄한 표정으로 손가락을 들어 켈시와 롭, 달라를 차례로 가리켰다.

"자네들 모두 숍스마트의 사무용품·홈인테리어 매장이 아주 인기가 좋다는 걸 명심해."

부사장이 말했다.

"우린 지금 숍스마트에 단 한 명의 고객도 놓칠 여유가 없어. 단 한 명의 고객도 말이야. 명심하라고."

그는 휙 돌아서서 다른 쪽으로 향했고, 그 뒤를 관리자들이 무리를 이루어 따랐다.

"엄청 격려가 되는군."

소리가 들리지 않을 만큼 부사장이 멀어지자 롭이 비꼬는 투로 말했다.

"이거 정말 더 열심히 일하고 싶은 마음이 드는걸."

달라도 비아냥거렸다.

켈시는 부사장이 숍스마트의 댄 머레이와는 너무도 딴판이라는 생각을 떨쳐버릴 수 없었다. 두 사람 다 운영담당 부사장이라는 똑같은 직책을 맡고 있었지만, 리더십 스타일은 천지 차이였다. 머레이 부사장이라면 분명 직원들을 칭찬해주는 법을 알았으리라고 켈시는 생각했다. 반면에 글래치 부사장은 불친절하기 짝이 없었고 위협적이기까지 했다. 그런 식의 리더십으로 단 한 명의 직원이라도 격려할 수 있을까? 켈시는 의아했다.

배려한다는 걸
행동으로 보여줘라

화요일에 켈시는 다른 학생들이 오기 전에 하틀리 교수
와 잠시 얘기를 나눌 수 있기를 바라며 몇 분 일찍 강의실에
도착했다. 교수는 책상에 앉아 컴퓨터를 보고 있었다.

"안녕, 켈시. 일찍 왔네요."

하틀리 교수가 일어서며 인사했다.

"수업 시작하기 전에 교수님과 잠시 말씀을 나눴으면 합
니다."

켈시가 말을 꺼냈다.

"교수님이 머레이 부사장님하고 얼마나 친분이 있으신지

궁금해서요. 그분하고 일도 같이 했다고 말씀하셨던 것 같은데, 맞나요?"

"맞아요. 대학에 있을 때 같이 일했죠. 하지만 인연은 훨씬 더 오래됐답니다."

교수가 말했다.

"사실 우린 미드웨스트에서 함께 자라면서 오랫동안 좋은 친구로 지냈죠. 그런데 그건 왜 물어보죠?"

"어제 퍼거슨스 본사의 운영담당 부사장님이 저희 지점을 방문했거든요. 그분은 머레이 부사장님하고 직책은 같았지만, 완전히 딴판이었어요. 아주 냉정하고 무신경하더라고요. 우리 직원들이 잘해온 부분을 인정조차 안 해줬죠. 반면에 머레이 부사장님은 긍정적이고 현실적이신 것 같았어요. 직원들에게도 그러신가요?"

"그럼요. 내가 수업 첫날 말했던 거 기억하나요?"

켈시는 잠시 생각했다.

"관계에 대해 말씀하신 거요?"

"맞아요. 그건 바로 사람들을 어떻게 대하느냐 하는 문제예요. 사람들은 관계를 통해 존중받는다고 느끼죠. 켈시는 부사장이 직원들을 배려한다거나 노고를 인정해준다는 느낌을 받지 못했어요. 반면에 댄은 직원들을 인정하고 노고를 칭찬하는 게 얼마나 중요한지 잘 이해하고 있답니다. 자신의 가치를 인정받고 있다고 느끼면, 직원들은 그런 긍정적인 감정을 고객에게도 전달할 거예요."

켈시는 조용히 서 있었다.

"켈시, 숍스마트에서 일하는 거 생각해봤어요? 내 생각엔 그곳 문화가 켈시하고 잘 맞을 거 같은데. 필요하면, 내가 기꺼이 댄에게 전화해줄게요."

교수가 켈시의 마음을 읽었다. 켈시는 교수의 제안에 놀랐지만, 아직은 직장을 옮길 준비가 돼 있지 않았다.

"감사합니다, 교수님. 신경 써주셔서 감사해요. 생각해보겠습니다."

그때 몇몇 학생들이 웃고 떠들며 강의실로 들어왔다.

"좋아요, 켈시. 내게 알려줘요."

하틀리 교수는 ICARE 모델의 첫 세 가지 요소였던 이상적인 서비스, 서비스 문화, 주의 집중의 정의를 비롯해서 지금까지 배운 내용을 간략하게 복습하며 강의를 시작했다.

"이제 여러분을 좀 괴롭혀야겠네요."

교수가 말했다.

"지금까지 배운 개념을 잘 보여주는 좋은 서비스 사례 얘기해줄 사람 있나요?"

강의실 뒤편의 한 여성이 손을 들었다.

"고마워요, 코니. 일어서서 말해주겠어요?"

약간 어색한 표정으로 코니가 일어섰다.

"몇 주 전에 저녁으로 먹을 테이크아웃 음식을 가지러 간 적이 있어요. 주문한 음식을 기다리며 계산대 앞에 서 있는데, 전화가 왔어요. 조용히 통화했지만, 제가 통화 상대를 불편해하는 걸 계산대 직원이 눈치 챈 것 같더군요. 통화를 끝내자, 그녀가 진심 어린 말투로 '힘든 하루죠?' 라고 말했어요. '네' 라고 대답하면서 돈을 내고 주문한 음식을 건네받는데, 그녀가 제 눈을 똑바로 바라보더니 '행복이 넘치는 주말 보내세요' 라고 하더군요. 어찌 보면 사소할 수 있겠지만, 그녀가 저를, 그리고 제가 어떤 기분인지를 진심으로 배려한다고 느꼈어요. 정말로 저는 그 직원 때문에 가게를 나올 때 기분이 한결 나아졌거든요."

"고마워요, 코니."

교수가 강의를 이어나갔다.

"아주 사소한 말이나 몸짓만으로도 고객의 마음을 이해

하고 있으며 그들을 그저 고객이 아닌 사람으로서 배려한다는 걸 보여줄 수 있습니다. 그럴 때 비로소 고객 충성이 생겨날 수 있습니다."

교수가 노트북을 두드리며 말했다.

"코니의 사례가 ICARE 모델의 네 번째 요소를 소개하는 훌륭한 단초가 되겠군요."

이윽고 네 번재 요소가 나타났다.

> I - 이상적인 서비스
> C - 서비스 문화
> A - 주의 집중
> R - 세심한 반응(Responsiveness)
> E -

"고객에게 세심하게 반응한다는 건, 고객의 욕구와 취향에 주의를 집중하는 것과 밀접하게 관련돼 있습니다."

교수가 한 번 더 노트북을 두드리자 화면이 바뀌었다.

"서비스를 제공하는 사람이 진심으로 여러분에게 집중한다고 느꼈던 순간이 언제였는지 생각해보기 바랍니다. 그 사람이 여러분을 도와주고 여러분의 기대를 채워주거나 심지어 기대를 뛰어넘고 싶어 한다고 느꼈던 적이 있다면, 그가 보여줬던 모습을 모두 적어보십시오."

교수는 학생들에게 적을 시간을 준 다음, 적은 것을 크게 말해보라고 했다.

"제가 걱정하는 것과 제가 요구하는 것을 귀 기울여 들어줬어요."

"그 직원은 제 문제를 바로 처리해줬어요."

"제 편에 서서 저를 배려한다는 느낌이 들게 해줬어요."

교수가 미소를 지으며 말했다.

"모두 훌륭한 사례들입니다. 상대의 말을 귀 기울여 듣고, 어려운 상황을 처리해주며, 배려하는 행동은 모두 세심한 반응에 해당됩니다. 자, 이제 아는 사람 가운데 상대의 말을 귀 기울여 들어주는 사람을 떠올려보십시오. 그 사람의 어떤 점 때문에 그렇다고 생각했습니까?"

켈시는 곧장 할머니를 떠올렸다. 켈시가 어렸을 때 매번 여름이 되면 한 달 정도 할머니와 함께 지냈다. 할머니는 켈시가 학교생활이나 친구에 대해 말하도록 하려면 어떤 질문을 해야 하는지 잘 알았다. 때론 "그것 참 재미있구나" 같은 말로 맞장구를 쳐줬기 때문에 켈시는 할머니가 자신의 얘기를 귀 기울여 듣고 있다는 걸 알 수 있었다. 그래서 할머니와 대화를 할 때면 켈시는 특별해진 기분이 들었다. 지금도 할머니가 켈시의 직장이나 학교, 친구들에 대해서 묻고 늘 같은 모습으로 들어준다는 걸 새삼스럽게 깨달은 켈시는 미소를 지었다. 할머니는 여전히 켈시의 삶에서 벌어지는 모든 일들을 진심으로 알고 싶어 하는 듯했다.

켈시가 정신을 차려보니, 학생들이 교수의 질문에 큰 소리로 답을 하고 있었다.

"그 사람은 때때로 질문을 해서 제 얘기를 듣고 있다는 걸 보여줍니다."

"그녀는 저와 눈을 맞추고 제 말에 대해 이런저런 의견을 말해줍니다."

하틀리 교수가 고개를 끄덕이며 말했다.

"좋아요. 다들 잘 이해한 것 같군요. 최대한 세심하게 반응하려면, 고객이 원하는 걸 얘기할 때 처음부터 끝까지 귀를 기울여야 합니다. 불만이 있는 고객을 만나면, 긍정적인 태도를 유지하면서 고객이 얘기하게 놔두고 주의 깊게 듣고 있다는 느낌을 줘야 합니다. 불만이 있는 경우든 아니든 더 많은 얘기를 이끌어낼 수 있는 개방형 질문을 하고, 고객의 욕구와 상황을 더 잘 이해할 수 있는 정보를 찾아내세요.

고개를 끄덕이는 행동 같은 비언어적 단서를 통해서도 고객이 말하려는 걸 알아차려야 합니다. 그리고 고객이 말한 걸 다른 말로 바꿔 다시 표현해주십시오. 그렇게 고객의 감정을 반영해줌으로써 경청하고 있다는 걸 알게 하십시오. 고객이 불만을 느낀다면, 공감하거나 필요하면 사과도 하십시오.

얘기를 충분히 듣고 고객도 하고 싶은 말을 모두 했다고 생각되면, 도움을 드리겠다고 말하십시오. 가능하다면 선택 가능한 몇 가지 대안을 제시하세요. 고객을 더 잘 이해할수록 더 적절한 대안을 찾을 수 있습니다.

불만 고객들은 대부분 문제가 해결되길 원할 뿐입니다. 고객이 아니라 상황이 문제라는 사실을 명심하십시오. 여러분은 가능한 한 빨리 해결책을 찾아야 하고, 그게 바로 긍정적인 인상을 남기는 핵심입니다. 통계에 따르면, 문제를 친절하게 해결해주면 불만 고객의 70%가 다시 온다고 합니다. 그리고 현장에서 바로 문제를 친절하게 해결해주면 95%가 다시 온다고 합니다.

시간을 갖고 고객의 말에 귀를 기울이는 건 고객을 배려한다는 표시입니다. 고객의 눈을 바라보고 미소 지으며, 진심 어린 마음으로 고객과 그의 의견에 집중하십시오. 그것이 바로 세심한 반응을 실천하는 길입니다."

▲ ▲ ▲

"할머니, 저 왔어요!"

현관문을 닫고 들어오며 켈시가 소리쳤다.

"애야, 나 여기 있다."

거실에서 할머니가 대답했다.

"이리 와서 나한테 온 카드 좀 보렴."

켈시가 거실로 들어섰을 때, 할머니는 손에 카드를 들고 있었다.

"병원에서 내 생일 카드를 보냈지 뭐냐? 아니 그 사람들, 이번 주가 내 생일인 거 어떻게 알았다니?"

"와, 정말 멋져요."

켈시가 말했다.

"어떻게 알았을까요?"

"나도 모르겠다. 하지만 기분 좋은 깜짝 선물인 건 틀림없구나."

켈시는 이내 할머니의 생일이 병원 파일에 적혀 있다는 사실을 깨달았다. 그렇다 해도 환자에게 생일 카드를 보내는 건 분명 기대를 뛰어넘는 일이었다. 관계의 소중함을 어떻게 실천에 옮기는지 잘 보여주는 훌륭한 본보기였다.

스티븐이 월요일 비밀 회의를 취소해버렸기 때문에, 켈시는 수요일에 그를 잠시 만나 경영진에 제안할 서비스 계획에 대해 얘기를 나누리라 마음먹었다. 켈시는 이제까지 수업에서 배운 내용들과 스티븐이 경영진에 제안하고 싶어 할지도 모를 많은 아이디어들을 모두 정리해서 파일로 준비했다.

켈시가 드디어 스티븐을 찾아낸 건 수요일 점심시간 직전
이었다.

"팀장님, 서비스 계획 프레젠테이션에 대해 잠깐 얘기 나
눌 시간 있으세요? 제가 팀장님께 드릴 자료를……."

"켈시."

스티븐이 말을 막았다.

"우리가 얘기 나눌 시간이 없었던 거 알아요. 정말 미안
한데, 오늘은 안 될 것 같네. 오후에 회의가 빽빽해요."

스티븐이 손목시계를 보며 말했다.

"그리고 실은 지금 나 늦었어요. 다음에 얘기하자고."

그러곤 가버렸다. 그가 말한 대로, 켈시가 일하는 동안
스티븐은 나타나지 않았다.

켈시는 진전 없이 또 하루가 지나가버렸다는 생각에 실
망하며 퇴근했다. 켈시는 무슨 일이 벌어지고 있는지 좀 더
알고 싶었다. 그녀가 아는 거라곤 퍼거슨스 직원들의 사기
가 바닥으로 떨어졌다는 사실뿐이었다.

▲ ▲ ▲

켈시와 할머니가 치료실에 들어와 앉자 아이리스가 할머니를 바라봤다. 알렉스도 들어왔다.

"알렉스가 치료를 시작하기 전에, 치료에 대해 어떻게 느끼시는지 말씀하실 수 있는 시간을 잠시 가지려고 해요."

이어서 10분 정도 아이리스는 이것저것을 묻곤 할머니가 대답하는 말을 열심히 듣고 적기도 했다. 아이리스는 어떤 부분에 대해 의견을 말하기도 했지만, 대부분은 할머니가 말하는 걸 듣기만 했다. 할머니는 지난 몇 주에 비해서 오늘 손목의 느낌이 어떤지 자세히 설명하고, 치료 사이에 했던 운동이 회복에 도움이 된 게 분명하다고 말했다.

정원 가꾸기나 퀼트를 비롯해서 두 손을 사용하는 활동을 전혀 못하고 있다는 할머니의 푸념을 아이리스는 참을성 있게 들었다. 켈시는 그 모습을 모두 지켜보며 생각했다. 아이리스는 나보다도 더 참을성 있게 할머니 말씀에 귀를 기울이는구나.

할머니가 얘기를 다 끝내자 아이리스가 말했다.

"치료 경과나 지금 말씀하신 걸로 보면 이제 치료가 마무리 단계에 접어든 것 같네요. 치료 내용을 좀 바꾸고 다음 주나 그다음 주에 보호대를 풀어도 되는지 볼게요. 좋은 소식이죠?"

"정말 반가운 소식이네."

할머니가 말했다.

"내 푸념을 잘 들어줘서 정말 고마워요. 선생님이 날 늙은 노인네 취급하지 않아 정말 좋네. 손목 치료에서 내가 선생님 파트너가 된 기분이라우."

"부인은 저희 파트너가 맞으세요. 부인께서 열심히 하신 덕분인걸요."

알렉스가 웃으며 말했다.

"환자분들 얘기를 듣는 게 저희 일 가운데 하나죠."

아이리스가 말했다.

"환자분들이 뭘 생각하고 어떻게 느끼는지 모르면, 저희가 해야 할 일을 제대로 할 수 없거든요."

아이리스가 일어섰다.

"알렉스에게 맡기고 전 나갈게요. 알렉스가 새로운 운동을 몇 가지 알려드릴 거예요."

켈시는 남아서 치료 과정을 지켜보기로 했다. 할머니가

아이리스나 알렉스하고 상호작용하는 광경을 지켜보는 게 켈시는 정말 좋았다.

아이리스와 알렉스는 할머니에게 매우 친절했고 할머니를 웃게 했다. 심지어 할머니의 몸이 불편할 때도 그랬다. 알렉스는 이제 할머니에 대해 아주 잘 알게 돼서, 좀 힘든 운동을 할 때면 일부러 이것저것 물어봐서 할머니가 대답하느라 운동이 힘든 것도 잊게 했다. 켈시는 할머니가 손목이 다 나으면 병원에 오지 못하게 되는 걸 아쉬워할지도 모르겠다고 생각했다.

치료가 끝나고 집으로 가는 길에 할머니가 말했다.

"아이리스와 알렉스는 어쩜 그렇게 친절하고 나한테 잘하냐. 내 기분을 헤아리려 하고 차분히 내 말을 들어주니까, 그 사람들한테 환자라곤 나밖에 없는 것처럼 특별한 사람이 된 기분이 드는구나."

"그게 바로 지금 제가 학교에서 배우고 있는 거예요. 세심한 반응이라는 거죠."

켈시가 말했다.

"제가 ICARE 모델에 대해 말씀드렸던 거 기억하세요? 아이리스와 알렉스는 할머니를 배려한다는 걸 행동으로 보여주고 있어요. 그리고 원래 일정보다 회복도 빠르고요!"

▲ ▲ ▲

켈시는 할머니에게 토요일 아침 9시에 외출 준비를 하시
라고 말했었고, 지금은 시내로 가는 차 안에 있었다.

"우리 지금 어디 가는지 왜 말 안 해주냐?"

"할머니 생신 깜짝 선물이니까요."

켈시가 능글맞게 웃으며 말했다.

켈시가 낯선 도로로 들어섰을 때, 할머니가 큰 표지판을
보고 소리를 질렀다.

"어머나, 켈시! 얼마 만에 와보는 동물원이냐. 어쩜 이렇
게 멋진 생일 선물을 준비했니!"

"버스 투어 티켓을 미리 사놨어요, 할머니."

켈시가 말했다.

"그래야 많이 안 걷고도 동물들을 다 볼 수 있거든요."

차를 세우고 동물원으로 들어간 두 사람은 투어 버스 정
류장으로 향했다. 지붕이 없는 대형 버스로 다가가자, 양끝
이 말려올라간 콧수염을 하고 있는 아주 쾌활한 남자가 두

사람을 반갑게 맞이하며 할머니에게 손을 내밀었다. 모자를 쓴 그는 유니폼을 입고 나비넥타이를 하고 있었다.

"안녕하세요, 부인. 제가 도와드리겠습니다."

할머니는 그의 손을 잡고 버스에 올라 창가 쪽 앞자리에 앉았다. 켈시는 할머니 옆 통로 쪽에 앉았다. 그 건너편 운전석 바로 뒷자리엔 중년 부부가 와서 앉았다. 아내가 남편에게 말했다.

"네드, 창가 자리는 나한테 좀 양보해야 하는 거 아냐?"

남편은 곧바로 일어서서 아내가 자리를 옮길 수 있도록 비켜주고 통로 쪽 자리에 앉았다. 승객들이 계속 올라타면서 자리가 거의 반이 찼다.

"좌석을 왜 이렇게 불편하게 만들어놨는지 모르겠네."

콧수염을 한 남자가 버스에 올라타 운전석에 앉을 때, 아내가 남편에게 불평을 했다.

"아유, 정말 신나는구나."

할머니는 켈시의 손을 꼭 잡으며 말했다. 켈시는 동물원 구경을 생일 선물로 정하길 잘 했다고 생각했다.

콧수염을 한 투어 가이드는 정류장에서 버스를 빼곤 마이크를 들고 안내 방송을 시작했다.

"안녕하세요, 여러분! 모두들 동물원에서 신나는 하루를 보낼 오늘을 손꼽아 기다리셨죠? 사실은 제가 오늘 아침에 동물들하고 얘기를 좀 나눠봤는데요, 녀석들 모두 얌전하게 굴겠다는군요. 우리가 멈춰서 사진 찍을 때마다 포즈도 취해주겠다고 했죠. 사향소 한 녀석만 약간 짜증을 내긴 했지만, 말다툼은 안 했어요."

그가 빙긋 웃었다.

"그놈한테 화풀이 당하고 싶은 분은 아무도 없겠죠!"

승객들이 웅성대며 낄낄 웃었다. 그때 운전석 뒤에 앉은 그 여성이 몸을 앞으로 숙이며 말했다.

"오늘 하루 종일 이렇게 빨리 달리는 건 아니겠죠? 쫓기는 기분이 드네요."

남자는 마이크를 끄고 대답했다.

"정말 죄송합니다, 부인. 지금부턴 속도에 신경 쓰겠습니다. 여러분 모두 사진 찍으실 수 있도록 천천히 운전할 겁니다. 제가 간혹 관람객 여러분을 신나게 해드리겠다는 마음이 앞서서 동물들 있는 곳으로 갈 때면 서두르곤 하죠. 죄송합니다."

그는 다시 마이크를 켜고 말했다.

"여러분, 이제 저희는 공작과 홍학 늪에 거의 도착했습니다. 공작이 멋진 쇼를 보여줄지 모르겠네요. 저한텐 하겠다고 말했는데요."

여자의 불평에 마음 쓰지 않는 투어 가이드의 모습이 켈시에겐 인상적이었다. 투어가 계속되면서 켈시는 그가 동물에 대해 자세하게 아주 많이 알고 있을 뿐만 아니라 관람객의 질문에 답할 능력까지 갖추고 있음을 알게 됐다. 관람객들과 상호작용하는 내내, 그는 쾌활한 태도를 잃지 않고 거침이 없었다. 그는 정말 이 일을 좋아하는 것 같아. 켈시는 생각했다.

투어 후반부에 버스가 멈추고 할머니가 기린과 얼룩말 사진을 찍으려고 몸을 돌렸을 때, 켈시는 투어 가이드에게 몸을 숙여 오늘이 할머니 생신이라고 속삭였다. 그가 관람객의 생일에 뭔가 특별한 걸 해줄지도 모른다고 기대하면서.

아니나 다를까, 잠시 후 버스는 갈색 곰이 있는 울타리 앞에 멈춰 섰다. 깊은 해자로 둘러싸인 울타리 앞까지 다가온 곰은 사진을 찍으라고 포즈라도 취하는 양 앉았다. 투어 가이드가 말했다.

"이 녀석에겐 한 가지 재주가 있죠. 제가 왜 '한 가지 재주' 가 있는 곰이라고 부르는 줄 아세요?"

"재주가 한 가지뿐이니까요!"

누군가가 소리쳤다. 모두가 웃었다.

투어 가이드가 곰에게 말을 걸었다.

"이봐, 친구. 너 우리 버스에 생일을 맞은 소녀가 있는 거 알아? 그녀 이름은 케이트라고 해."

할머니가 어머나 하는 소리를 냈다.

"자, 여러분 이 녀석에게 손을 흔들어주세요. 그럼 이 녀석이 생일을 맞은 케이트에게 손을 흔들어줄지 보자고요. 야, 이 녀석아!"

그가 곰에게 손을 흔들기 시작하자, 곧 버스 안의 모든 사람들이 손을 흔들었다. 잠시 후 곰이 큰 발톱을 허공으로 쳐들면서 고개를 홱 들었다. 켈시를 비롯해 다들 그 순간을 놓치지 않고 사진을 찍었다.

할머니는 매우 기뻐했다.

"정말 멋지네."

할머니가 투어 가이드에게 말했다.

"특별한 생일 추억을 만들어줘서 고마워요. 그런데 어떻게 알았수?"

"어떤 작은 새가 말해주던데요."

투어 가이드는 켈시에게 윙크를 하곤 버스에 기어를 넣었다.

그 이후의 투어도 즐거움의 연속이었다. 켈시는 버스에서 내리며 그에게 감사를 표했다.

"이 일 하신 지 얼마나 되셨어요?"

켈시가 묻자 버스에서 내리는 다음 관람객의 손을 잡아주던 그는 미소를 지으며 대답했다.

"지난 달로 13년째죠. 내가 해본 일 가운데 최고예요."

"제가 보기에도 정말 즐겁게 일하시는 것 같아요."

켈시가 말했다.

"사람들을 정말 잘 다루세요. 짜증내는 관람객들 때문에 기분 나빠하시지도 않고요."

"하하!"

그가 웃었다.

"있잖아요, 그건 제가 사향소에 대해 했던 말과 비슷해요. 가끔은 누군가와 말다툼하지 않는 게 상책일 때도 있죠. 하는 말에 귀 기울이고, 요구하는 걸 들어주고, 좋은 면을 보는 거죠. 상대를 배려한다는 걸 보여주기만 하면 돼요. 그러면 사람들의 하루를 더 즐겁게 하고 재미에 집중하게 하는 데 도움이 된답니다."

그때 운전석 바로 뒤에 앉아 있던 여자가 버스에서 내리면서 그에게 미소를 짓곤 "감사합니다"라고 말했다.

"별 말씀을요, 부인."

그는 눈썹을 치켜올리며 켈시에게 미소를 지어 보였다.

새들을 구경하며 시간을 보낸 켈시와 할머니는 동물들을 만져볼 수 있도록 만들어놓은 곳에 들렀다가 집으로 향했다. 두 사람은 정말 멋진 하루를 보냈고, 투어 가이드의 배려하는 태도는 잊히지 않을 감동을 줬다.

▲ ▲ ▲

월요일은 켈시에게 바쁘고 힘든 하루였다. 스티븐은 켈시와의 비밀 회의에 오지 않았을 뿐 아니라, 팀 회의마저 취소해버렸다. 전엔 이런 적이 한 번도 없었다. 켈시는 어떤 심각한 일이 벌어지고 있음을 직감했지만, 그게 무엇인지는 알지 못 했다.

그날 오후 근무시간이 막 끝나갈 즈음, 켈시는 롭이 커다란 탁상용 램프를 들고 있는 고객과 얘기를 나누는 걸 우연히 보게 됐다.

"죄송합니다, 부인. 저희는 이제 더 이상 최저가격보장제를 실시하고 있지 않습니다. 회사 정책이 바뀌었습니다. 정말 죄송합니다."

"그것 참 유감이군요."

얼굴을 찌푸리며 고객이 말했다.

"이 램프가 예뻐서 사다가 사무실에 놓으려고 했어요. 그런데 당신네 가격은 50달러인데, 램프월드에서는 똑같은 게 40달러라고요. 최저가격을 보장해주면 왔던 길을 되돌아 램프월드까지 차를 몰고 갈 필요가 없는데, 이젠 다시 거기까지 가야 할 것 같네요. 고객에게 일언반구도 없이 제멋대로 정책을 바꾸다니 정말 너무하군요."

그녀는 무거워 보이는 커다란 램프를 선반에 다시 올려놓았다.

"고객님 불만 충분히 이해합니다."

롭이 호의적인 말투로 말했다. 잠시 말을 멈춘 롭이 다시 말했다.

"램프월드가 큰 창고형 매장 맞죠?"

"네, 그래요. 엄청 다양한 제품이 있죠. 그래서 여기보다 가격이 저렴한 것 같네요."

"자꾸 여쭤봐서 죄송합니다만, 부인, 혹시 거기서는 램프와 램프 갓을 따로 팔지 않나요?"

"네, 따로 팔죠. 그래서 취향에 맞게 램프에 어울리는 갓을 고를 수 있어요. 그런데 왜 물어보는 거예요?"

"램프월드에선 램프와 갓을 합쳐서 40달러인가요, 아니면 램프 가격만 그런가요?"

"아!"

고객이 곰곰이 생각하는 표정으로 말했다.

"생각해보니 램프만인 것 같네요. 램프 갓을 사려면 20달러를 더 내야 하고요. 그러면 합쳐서 60달러가 되겠네요."

롭이 밝은 표정으로 램프를 가리켰다.

"저희는 램프 갓까지 포함된 가격입니다. 이 램프에 이런 갓, 마음에 드세요?"

"솔직히 이 램프 갓이 아주 맘에 들어요. 아주 우아해 보여서요."

그녀가 크게 웃었다.

"그러니까 여기서 사는 게 더 이익이겠네요."

"네, 손님."

롭이 선반에서 램프를 내리며 말했다.

"쇼핑 다 끝내셨으면, 계산하시고 차로 가실 때까지 제가 램프를 들어드리겠습니다."

멀리 떨어지지 않은 곳에 있던 켈시는 고객이 웃으면서 롭과 계속 얘기를 나누는 걸 들을 수 있었다. 롭이 고객의 말에 귀를 기울이고 고객 만족을 위해 문제를 해결했다는 점뿐만 아니라 다른 회사의 가격 정책까지 알고 있다는 사실에 켈시는 깊은 인상을 받았다. 서비스에 대한 롭의 태도가 몇 달 만에 180도 바뀌었다. 켈시는 그 변화가 자신이 전했던 생각들이 영향을 미쳤기 때문인지 궁금했다. 스티븐에게 이 얘기를 해서 다음 월요일 회의 때 말할 수 있도록 해야겠어. 켈시는 생각했다. 이거야말로 일찍이 본 적 없는 세심한 반응인걸!

▲ ▲ ▲

켈시와 할머니가 병원에서 돌아왔을 때, 켈시는 몹시 지쳐서 그저 빨리 저녁을 먹고 자고 싶은 생각뿐이었다. 하지만 불행하게도 다음 날 아침 수업에 내야 할 과제가 있었다. 저녁식사 후 할머니가 거실에서 영화를 보는 동안 켈시는 자신을 다독이며 방으로 들어가 과제를 시작했다.

켈시가 막 교과서를 꺼냈을 때 문자 메시지가 도착했다는 알림음이 울렸다.

'켈시, 나 스티븐인데 미안하지만 지금 잠깐 통화할 수 있어요?'

월요일 저녁에 스티븐이 왜 자신과 통화하려 하는지 궁금해하면서 켈시는 답신을 보냈다.

'네.'

잠시 후 전화벨이 울렸다.

"여보세요?"

"안녕, 켈시. 귀찮게 해서 미안해요."

"별 말씀을요. 막 공부하려던 참이었어요. 무슨 문제가 있는 건 아니죠?"

"우선 지난 수요일에 잠깐 얘기 나눌 때 매몰차게 군 거 사과하고 싶군요. 요새 일 때문에 너무 정신이 없어서. 그때 급히 가야 할 회의가 있긴 했지만, 나중에 생각해보니 내가 켈시 말을 중간에 끊어버렸더군. 그날 늦게라도 만나 켈시가 학교에서 배운 걸 들었어야 했는데 그럴 기회가 없어서 기분이 안 좋았어요. 켈시는 정말 훌륭한 직원이라고 말해 주고 싶었는데. 난 정말 켈시가 우리 팀원인 걸 소중하게 생각해요."

처음에 켈시는 무슨 말을 해야 할지 몰랐다. 스티븐의 사과를 듣는 게 놀라울 따름이었다.

"감사합니다, 팀장님. 전화까지 주셔서 고맙습니다. 지금 회사 사정이 너무 정신없이 돌아가는 거 압니다만, 서비스 계획에 대해 생각해놓은 것들이 있어서 언제 팀장님과 얘기를 나눌 수 있었으면 합니다. 사실 팀장님이 원하시면 지금 당장이라도 얘기할 수 있어요."

켈시는 노트북을 클릭하여 수업 내용을 정리한 폴더를 열었다.

"그게 바로 내가 전화를 한 또 다른 이유이기도 해요."

스티븐이 말했다.

"어떻게 말해야 좋을지 모르겠군. 켈시, 더 이상 서비스 계획에 시간 쓰지 말아요. 필요가 없어졌어요. 오늘 지점장님과 얘기하면서 켈시하고 내가 고객 서비스 계획안을 마련하고 있다고 했는데, 내 말을 끊더니 지금은 매출 증대와 비용 절감에만 집중하라고 말하더군. 고객 충성을 이끌어내는 문제가 얼마나 중요한지 모르는 것 같아요. 그 사람들에겐 그저 숫자가 전부지."

켈시는 스티븐이 하는 말을 조용히 듣고만 있었다.

"켈시, 나도 정말 실망스러워요. 특히 켈시가 해온 모든 노력과 아이디어들을 생각하면."

"팀장님하고 같이 한 거죠."

"어쨌든 너무 실망하지 않았으면 좋겠네. 내가 켈시의 열정과 훌륭한 아이디어들을 높이 평가한다는 거 알잖아요. 그리고 우리 팀과 나한텐 계속 켈시의 의견을 공유해줬으면 해요. 다른 사정이야 어떻든 우리 매장만이라도 빛을 발할 수 있게. 모든 게 진정될 때가 올 테니, 그땐 다시 해볼 수 있겠죠."

"믿어주셔서 감사합니다, 팀장님."

켈시가 침울하게 말했다.

"우리 매장에서만이라도 최선을 다하면서 어떻게 될지 지켜보도록 합시다."

스티븐이 전한 소식을 듣고 마음이 산란해진 탓에 켈시는 휴대전화를 내려놓고도 한참 후에야 책을 펼쳤다. 하지만 켈시는 스티븐의 전화와 사과가 매우 고마웠다. 스티븐은 정말 좋은 사람이고 괜찮은 관리자였다.

팀장님은 지금보다 나은 대접을 받아야 해. 어쩌면 나도 그럴지 모르고. 켈시는 생각했다. 난 지금 고객의 말에 귀를 기울이는 데 따르는 유익에 대해 배우고 있는데, 우리 회사의 리더들은 아무도 상식에조차 귀 기울이려 하지 않으니 참 아이러니하군. 켈시와 스티븐 모두 퍼거슨스가 잘못된 길을 가고 있다는 사실을 알았지만, 정작 뭔가 할 수 있는 위치에 있는 사람들은 어느 누구도 신경 쓰지 않는 듯했다.

켈시는 마음을 다잡고 보고서 작성을 끝낸 다음, 머릿속을 맴도는 새로운 계획에 대한 생각들을 적어내려갔다. 그리고 아침에 아이리스에게 전화를 걸어 언제 만날 수 있는지 알아봐야겠다고 생각했다. 켈시에겐 누군가의 조언이 필요했다.

자율적인
책임감을 가져라

켈시가 막 도착해 자리에 앉았을 때 하틀리 교수는 강의실 앞쪽으로 걸어가는 중이었다.

"여러분, 좋은 아침입니다. 수업을 시작하기 전에 지금까지 배운 내용에 대해 쪽지시험을 보겠습니다."

하틀리 교수는 복습 삼아 쪽지시험 보는 걸 좋아했고, 학생들도 재밌어 했다. 켈시는 모든 내용을 아주 잘 기억하고 있었으며 수업에서 많은 걸 배우고 있었기 때문에, 이젠 가르칠 수도 있겠다고 느낄 정도였다.

쪽지시험이 끝나고 나서, 교수가 노트북을 열었다.

"자, 다들 ICARE의 마지막 글자에 대해 배울 준비가 됐나요?"

교수가 키보드를 두드리자 스크린에 다음과 같이 나타났다.

I – 이상적인 서비스
C – 서비스 문화
A – 주의 집중
R – 세심한 반응
E – 재량권(Empowerment)

"직장에서의 일들 가운데는 여러분이 전적으로 통제권을 쥐고 있는 영역이 있습니다. 가령 여러분은 상품에 대해 더 많은 걸 알아낼 수도 있고, 고객에게 좀 더 주의를 기울일 수도 있으며, 얼마나 열심히 할지도 언제나 스스로 결정할 수 있습니다.

한편 직접 통제할 순 없어도 영향을 미칠 수 있는 부분이 있습니다. 관리자가 여러분을 신뢰하도록 만들거나 여러분의 의견에 귀 기울이도록 만드는 경우가 여기 해당됩니다.

이 모든 게 재량권의 범주에 들어갑니다."

하틀리 교수가 다시 키보드를 두드렸다.

> 재량권: 서비스 비전을 실행하기 위한
> 주도권을 쥐는 것

"그럼 이 주제에 대해 얘기해보죠. 여러분은 직장에서 어떤 경우에 재량권이 있다고 느낍니까? 그냥 생각나는 대로 말해보세요."

교수가 학생들의 대답을 유도했다. 강의실 여기저기서 학생들이 자신의 생각을 말했다.

"제가 어떤 일을 하는 데 누군가의 도움을 요청할 필요가 없을 때입니다."

"제 아이디어를 상사가 들어줄 때 그렇게 느낍니다."

"제 의견을 물어볼 때입니다."

"제가 스스로 고객의 문제를 해결했을 때입니다."

"동료들보다 제가 제품에 대해 더 많이 알고 있을 때죠."

교수가 말했다.

"잘들 말해줬어요. 이번엔 여러분 혼자서 해냈던 일에 대해 생각해보겠어요? 직장에서 여러분 스스로 재량권을 행사했던 경우 말입니다. 조시가 손을 들었군요."

"직장에서 활용할 수 있는 최신 컴퓨터 프로그램을 배우고 있는데, 회사에서 비용을 지급해줄 수 있는지 상사에게 물어봤습니다. 그리고 승인을 받았습니다. 이젠 일 처리를 훨씬 빠르게 할 수 있게 됐죠."

"좋아요, 조시. 이번엔 코너가 말해보겠어요?"

"몇 주 전에 누가 시킨 것도 아닌데 은행의 제 창구로 오는 고객들의 이름을 외우기로 작정했죠. 이젠 일부러 제 창구에 줄을 서는 분들이 눈에 띄게 늘고 있어요."

"매우 훌륭한 사례들입니다. 고객과의 접점에 있는 직원에게 더 많은 재량권이 주어질수록, 욕구가 충족돼 만족해하는 외부 고객은 늘어갈 겁니다. 직원에게 재량권이 주어지면 결국 고객에게 이익이 됩니다."

학생들이 계속해서 사례를 말하고 있을 때, 켈시는 지난 몇 주 동안 퍼거슨스 가정·사무용품 매장의 고객 서비스가 향상된 것에 대해 그녀가 얼마나 흥분했었는지 생각에 잠겼다. 켈시는 회사에 아이디어를 제안함으로써 스스로 재량권을 행사하려고 노력했지만, 그녀의 제안은 팀장 이상으로는 결코 나아가지 못 했다. 이젠 더 이상 어떠한 재량권도 없는 듯 느껴져서 켈시는 우울한 기분이 들었다.

수업이 끝나갈 즈음, 교수가 말했다.

"재량권은 ICARE 모델의 필수 요소이기 때문에, 다음 주에 이 주제에 대해 더 얘기하겠습니다. 그때까지 해올 과제를 내드릴게요. 먼저 여러분이 직장에서 어떤 재량권을 갖고 있으며 어떻게 그걸 얻게 됐는지, 가령 원래 조직 문화의 일부분이었는지 아니면 여러분이 만든 재량권인지 써보기 바랍니다. 그런 다음 좀 더 많은 재량권이 주어졌으면 하는 부분에 대해 생각해보세요. 각각의 주제를 두세 페이지로 작성하되 최대한 자세하게 써보십시오."

학생들이 일어서서 문으로 움직이기 시작했을 때, 교수가 외쳤다.

"아 참, 잊지 말고 강의 포털 사이트에 들어가서 제가 올려놓은 자료들 읽어보세요. 불시에 쪽지시험 칠지도 모릅니다!"

켈시는 강의실에 남아서 어제 스티븐과 통화했던 내용에 대해 하틀리 교수와 얘기를 나눴다.

"내 생각엔 계획했던 작업을 계속하는 게 켈시에게 좋을 것 같군요."

교수가 말했다.

"켈시의 회사에서 그 안을 받아들이지 않더라도, 어쨌든 다른 곳에 제안해볼 수도 있을 테니까요. 켈시, 이 도시엔 퍼거슨스만 있는 게 아니에요. 퍼거슨스가 변할 생각이 없다면, 켈시한테 잘 어울리는 더 나은 가치를 지닌 곳을 찾아볼 필요도 있다고 생각해요."

켈시는 이해해주셔서 감사하다는 인사를 하고 문으로 걸어갔다.

"원한다면 댄에게 켈시 얘기를 해줄 수 있어요. 그럼 나도 기쁠 거예요."

교수가 외쳤고, 켈시는 돌아보고 미소를 지었다.

"감사합니다, 교수님. 계속 고민하고 있어요. 곧 결정하고 말씀드릴게요."

켈시는 다른 곳에서 일한다면 어떤 기분일지 생각에 잠겼다. 어쩌면 직장을 옮기는 게 최선일지도 몰랐다.

조언을 들을 수 있길 간절히 바라면서, 켈시는 아이리스의 일이 끝나는 시간에 맞춰 병원으로 그녀를 만나러 갔다. 아이리스의 사무실은 그녀의 모습처럼 따뜻하고 편안했다. 켈시가 들어서자 아이리스는 책상 뒤에서 일어나 앞으로 나와 켈시에게 자리를 권하곤 그 옆에 앉았다.

"아침에 전화 목소리가 안 좋던데, 무슨 일 있어요?"

켈시는 기묘하고 긴장감 가득한 직장 분위기, 고객 서비스 계획을 퇴짜 놓은 경영진에 대한 실망감, 켈시의 이직을 머레이 부사장에게 말해보겠다고 했던 하틀리 교수의 제안 등에 대해 털어놓았다. 말을 끝마친 켈시가 한숨을 쉬며 물었다.

"그래서 숍스마트로 옮기는 걸 고민 중이에요. 어떻게 생각하세요?"

"켈시 생각은 어떤데요?"

"고객을 배려하는 게 얼마나 중요한지, 서비스 문화를 중심으로 어떻게 사업을 해나가야 하는지 배우고 나니까, 퍼거슨스는 정작 힘을 쏟아야 할 곳에 힘을 못 쏟고 있다는 확신이 들어요. 숍스마트가 우리 지점에 줄 충격과 자칫하면 실직할 수도 있겠다는 생각 때문에 걱정도 되고요."

"우울한 기분이겠네요."

"네, 맞아요. 나름대로 상황을 개선해보려고 노력했지만 간부들은 제 말에 귀 기울이지 않아요. 제가 뭘 할 수 있겠어요? 전 그저 시급을 받는 계약직 직원일 뿐인데요."

이렇게 말하는 것만으로도 켈시는 좌절감이 커지는 걸 느꼈다.

"한번 도전해보라고 말하고 싶어요, 켈시."

아이리스가 단호하게 말했다.

"켈시는 긍정적인 사람이고, 일에 아주 성실하고, 진심으로 고객을 배려하잖아요. 그런 서비스 마인드라면 숍스마트는 분명히 켈시를 회사에 도움이 될 사람으로 생각할 거예요. 그리고 켈시는 이미 숍스마트의 서비스 비전에 공감하고 있기 때문에, 거기서 일하면 승진도 빠르리라 믿어요. 계란으로 바위를 치고 있다는 기분이 아니라, 제대로 평가받고 있다는 느낌이 들 거예요."

"하지만 지원했다 떨어지면 어쩌죠?"

"그래봤자 지금보다 더 나빠질 게 뭐 있나요? 그냥 지원하고 기다려보세요. 이건 켈시의 경력에 관한 문제예요. 자신을 믿으세요. 켈시 같은 사람을 얻으면 숍스마트가 행운인 거죠!"

아이리스는 켈시에게 꼭 필요한 말을 해줬다. 켈시는 다시 기운이 나는 걸 느꼈다.

"맞는 말씀이에요. 더 이상 잃을 것도 없어요. 내일 당장 지원하겠어요."

마침내 결심하고 나니 켈시는 마음이 후련했다.

"고민을 들어주셔서 감사합니다. 선생님은 절 곤경에서 구해준 구세주세요. 어떤 일이 일어나길 그저 기다리는 대신 삶을 스스로 통제하는 것, 이런 게 바로 재량권이겠죠."

집으로 돌아오는 길에 켈시는 스티븐을 배반한다는 기분이 들어 죄책감이 느껴졌다. 숍스마트에 지원한다고 솔직히 얘기해야겠어. 켈시는 생각했다. 어쩌면 팀장님도 숍스마트로 옮기는 걸 고민 중인지도 몰라!

▲ ▲ ▲

다음 날 아침, 켈시는 출근 전에 숍스마트의 온라인 입사 지원서를 작성하려고 평소보다 일찍 일어났다. 쉬는 날인 금요일 아침으로 면접 시간을 정하고 지원서 작성을 마친 켈시는 컴퓨터 화면의 제출 버튼을 눌렀다.

"제출!"

켈시는 크게 외쳤다. 이제 배는 떠났다!

출근을 위해 옷을 갈아입으면서 켈시는 한순간 후회가 들기도 했다. 하지만 켈시는 일을 그만두는 게 아니라고, 단지 선택지를 넓히는 것뿐이라고 스스로를 다독였다.

▲ ▲ ▲

퍼거슨스에 도착하니, 분위기가 다시 어수선해져 있었다. 며칠 안으로 어떤 변화가 있으리라는 새로운 소문을 켈시도 들었지만, 아무도 자세한 내용을 몰랐다. 이제 누굴 해고하려는 걸까. 켈시는 생각했다. 그녀는 그런 부정적인 생각은 그만하자고 마음을 가다듬었다. 머레이 부사장이 말했던 게 바로 이런 거야. 난 이 회사에 더 이상 어떤 희망도 갖지 않으려 하고 있어. 지겨워만 하고 있다고. 나답지 못한 생각이야.

일에 집중하기가 쉽지 않았지만 켈시는 최선을 다했다. 놀랍게도 그날 하루가 지나면서 켈시는 몇 가지 작고 긍정적인 변화를 눈치 챘다. 구조조정이 이뤄질 거라는 소문 때문인지는 모르겠지만, 몇몇 매장 관리자들이 직접 나서서 긴 줄을 선 고객들을 도우며 얘기를 나누는 광경을 목격했다. 그리고 새로운 직원도 몇 명 눈에 띄었다. 퍼거슨스가 다시 직원을 충원할 수 있게 된 걸까?

스티븐에게 물어보고 싶었지만 하루 종일 그를 만날 수가 없었다. 그래서 스티븐에게 내일 아침에 잠깐 얘기를 나누고 싶다는 문자 메시지를 남겼다. 금요일에 숍스마트와 면접을 보기로 한 걸 스티븐에겐 알려야 했다. 스티븐이 지난 몇 주간 켈시에게 지지를 보내준 걸 생각하면, 그 정도의 예의는 최소한 갖춰야 했다.

▲ ▲ ▲

병원으로 가는 길에 켈시는 할머니에게 숍스마트에 지원한 일과 그녀 마음속에 자리 잡기 시작한 다른 생각에 대해서 얘기했다.

"오늘 아침 지원서를 낼 때만 해도 제가 잘하고 있다는 확신이 있었거든요. 그런데 지금은 제가 정말로 퍼거슨스를 떠날 마음의 준비가 돼 있는지 자신이 없어요. 오늘 우리 지점의 관리자들이 이제 직원과 고객을 좀 더 배려하기 시작한다는 조짐이 보였거든요."

"얘야, 네가 일하는 곳에 충성하는 건 좋지만, 네 자신에게도 충실해야 한다는 걸 명심하거라."

할머니가 말했다.

"이건 네 미래, 네 경력이 달린 문제란다. 네가 막다른 골목에 이르렀다고 느꼈다면, 변화를 모색하는 건 전혀 잘못된 게 아냐."

"맞는 말씀이에요."

자신의 결정을 다시 확신하며 켈시가 말했다. 할머니는 생각에 잠긴 표정이었다.

"하지만 동시에 네가 회사 사람들한테 영향을 주기 위해 최선을 다해봤는지도 진지하게 고민해보거라. 너도 알다시피, 남의 떡이 커 보이지만 항상 큰 건 아니잖니."

켈시는 한숨을 쉬었다. 이런, 다시 머리가 복잡해지네.

병원에 들어가니 알렉스가 접수대에 서 있었다.

"안녕하세요, 윌슨 부인."

알렉스가 명랑하게 인사했다.

"집에서 치료운동 잘하고 계세요? 그래야 빨리 병원에 그만 나오시죠."

"그럼요."

할머니가 말했다.

"이 망할 놈의 손목 보호대 풀 때가 다 된 것 같다고 해주셔서, 열심히 하자고 다짐했다우. 손목이 이젠 거의 정상으로 돌아온 것 같네."

알렉스와 할머니가 치료실로 가고, 켈시는 대기실에 앉아 잡지를 집어들었다. 옆에 앉아 있던 30대로 보이는 한 여성이 켈시에게 몸을 기울였다.

"전 아버지를 기다리는 중이에요."

그녀가 말했다.

"아픈 데가 재발하셨거든요."

"어머나, 걱정되시겠네요."

켈시가 말했다.

"전 할머니 치료 때문에 왔어요."

"일하세요?"

그녀가 물었다.

"미안해요. 무례한 질문일지도 모른다는 거 알지만, 제가 지금 실직 상태거든요. 때론 대기실에서 이 사람 저 사람과 얘기해보는 게 직장 찾는 데 도움이 되기도 하더라고요."

그녀의 말에 켈시가 웃었다.

"네. 퍼거슨스에서 일하고 있어요."

그녀는 머리를 흔들며 신음소리를 냈다.

"윽! 저도 작년에 거기서 일했어요. 끔찍했어요. 전 고객이 뭘 원하는지도 제대로 몰랐고, 관리자들은 내게 늘 소리를 질러대며 이거 해라 저거 해라 그랬죠."

그녀는 잡지를 펼치면서 얘기를 계속했다.

"6개월쯤 지나니까 진저리가 나데요. 그래서 월급이 더 높다는 다른 곳으로 옮겼죠. 그런데 옮기고 나서 보니까, 거기 직원들은 서로 헐뜯기만 하고 엄청 게을렀어요. 거기서 전 최우수 직원이었는데, 팀장이 다른 사람들은 못 미더워해 제가 다른 사람 일까지 다 떠맡게 되더라고요. 전 말도 안 하고 그 회사를 나왔죠. 첫 번째 직장을 그만두지 말았어야 했다는 후회가 들었지만, 거긴 제가 나오자마자 이미 다른 사람을 채용했더라고요. 저는 지금도 구직 중이랍니다."

그녀의 얘기를 들으면서 켈시는 다시 불안해지기 시작했다. 숍스마트에 전화를 걸어 면접을 취소한 다음, 결심이 좀 더 확실해질 때까지 기다릴까도 생각했다. 하지만 이내 정신을 차리고 이성적으로 생각하기 시작했다. 내 상황은 그녀와 달라. 켈시는 생각했다. 켈시가 해야 할 일은 아침에 가장 먼저 스티븐을 찾아 그에게 말하는 것뿐이었다. 그럴 정도로 켈시는 스티븐과의 관계에서 편안함을 느꼈다.

▲ ▲ ▲

스티븐에게서 문자 메시지 답신을 받진 못 했지만, 켈시는 개점 전에 스티븐을 찾아보리라는 생각으로 목요일에 30분 일찍 출근했다. 켈시는 휴게실에서 혼자 커피 한 잔을 따르고 있는 스티븐을 찾아냈다.

"안녕하세요, 팀장님. 사람들 오기 전에 얘기 좀 나눌 수 있을까 해서요. 시간 되세요?"

"그럼요. 메시지 받았어요. 나도 얘기 나누고 싶던 참이었는데."

둘은 휴게실 탁자에 마주 보고 앉았다.

"저기요."

켈시는 그 말을 하는 게 잘 하는 짓인지 몰라 잠시 망설였다. 말해버려, 켈시!

"저 숍스마트에 입사 지원서를 넣을까 생각 중이에요."

숨을 깊게 들이마신 켈시는 말을 쏟아냈다.

"실은 이미 지원했어요. 그리고 내일 면접을 볼 예정이고요. 팀장님하고 같이 일하는 거 정말 좋았어요. 정말 좋은 팀장님이셨고, 퍼거슨스의 발전을 위해 많이 애쓰신 것도 알아요. 하지만 이 회사랑 저랑은 안 맞는 것 같아요."

휴, 끝났다.

스티븐은 잠시 말이 없다가 조용히 진심 어린 어조로 말했다.

"이해해요. 켈시가 퍼거슨스하고 왜 잘 안 맞는다고 생각하는지도 알고. 최근 들어 나도 똑같은 기분이었으니까. 숍스마트에 지원한 거 전혀 비난하지 않아요. 결국 그러지 않기로 했지만, 나도 그곳으로 옮길까 고민했으니까."

스티븐은 잠시 말을 멈췄고, 켈시는 그가 말을 조심스럽게 한다는 인상을 받았다.

"들어봐요. 아직 알려지지 않은 정보가 있는데, 말해줄 테니 비밀을 지켜야 해요. 며칠 후에 정식으로 발표될 때까지."

스티븐이 문 쪽을 바라보며 목소리를 낮췄다. 켈시는 몸을 당겼다.

"작년에 실적은 내려가고 고객 불만은 증가해서, 최근 본사 차원에서 중대한 변화가 있었어요. CEO를 교체한 거야. 자세한 것까지 말해주긴 어렵지만, 새 CEO는 우리 직원과 고객들에게 진정으로 힘을 쏟을 분이라는 건 말해줄 수 있어요. 켈시, 퍼거슨스는 일류 유통기업이 될 거예요. 우리가 자랑스럽게 일할 수 있는 회사가 될 거라고."

켈시는 할 말을 잃었다. 그동안 지점의 분위기가 왜 그렇게 이상하게 보였는지 이제야 알 것 같았다. 스티븐은 계속 말을 이었다.

"내가 어제 왜 여기 없었는지 알아요?"

켈시는 고개를 젓고 스티븐을 바라보며 그의 말에 집중했다.

"새 CEO를 만나는 자리에 불려갔거든. 왜 날 부르는지 몰랐죠. 하도 어수선하다 보니 날 해고하려는 게 아닌가 하는 생각까지 했어요. 하지만 알고 보니 CEO가 날 보자고 한 건 우리 가정·사무용품 매장이 우리 지점에서 헤매지 않는 유일한 매장이기 때문이었어요. 우리 매장을 찾은 고객들은 불만은커녕 우리 서비스를 칭찬했으니까. 그리고 켈시가 그 성공에 큰 역할을 한 사람이에요. 서비스에 대한 강한 믿음으로 훌륭한 본보기가 돼줬기 때문에, 우리 팀원들 모두 더 잘해보려는 마음이 생겼던 거지."

켈시는 "아유"라는 말밖엔 할 수 없었다.

"새 CEO가 나한테 지점장 직책을 제의했어요. 본사에선 우리 지점이 회사 전체에 새로운 고객 중심 문화를 만드는 대표 지점이 되길 원해요."

켈시는 제대로 말을 할 수가 없었다.

"와, 팀장님! 정말 축하드려요!"

켈시가 자리에서 일어섰다. 너무 기뻐서 스티븐을 안아주고 싶었다.

"잠깐만 앉아봐요."

스티븐이 웃으며 말했다.

"말할 게 더 있어요."

켈시가 앉았다.

"그러니까 내가 말하고 싶은 건, 후임 팀장으로 난 켈시를 추천했고 인사팀에서 승인도 받아놓은 상태란 거예요.

새 CEO 취임과 내 승진이 정식으로 발표될 때까진 기다려야 하지만, 켈시가 내일 숍스마트로 면접을 보러 가겠다고 말한 이상 켈시를 놓치는 위험을 감수하고 싶진 않아요. 그래서 지금 말하는 건데. 켈시, 팀에 남아줘요. 다시 생각해줬으면 좋겠어요."

머리가 빙글빙글 도는 느낌이었던 켈시는 정신을 가다듬고 말했다.

"팀장님, 믿어지지가 않아요. 무슨 말을 해야 할지 모르겠어요. 다들 정리해고를 애기하고, 숍스마트가 문을 열면 어떤 일이 벌어질지, 실직하게 되는 건 아닌지 걱정했죠. 그런데 팀장님은 지금 정반대의 말씀을 하고 계시잖아요!"

스티븐은 긴장을 풀며 말했다.

"지난 몇 달 동안 우리 지점에서 벌어진 여러 가지 일들 때문에, 사기는 땅에 떨어지고 다들 최악의 상황을 우려하고 있었죠. 이제 새롭고 더 강해진 리더십과 팀워크로 우리 지점을 최고의 일터로 만들어갈 수 있다고 난 낙관하고 있어요."

"팀장님이 지점장님이 되신 건 퍼거슨스로선 더없이 다행스런 일이에요. 훌륭한 지점장이 되실 거예요! 축하드립니다."

"고마워요. 그리고 내 팀장 제안에 대답을 해줘야지."

"정말 으쓱해지는 기분이네요. 하지만 제가 팀장을 맡을 능력이 되는지 모르겠어요."

"생각해봐요. 그동안 켈시는 어떻게 하면 우리가 하는 일을 더 잘 할 수 있을지 끊임없이 내게 제안하고 아이디어를 줬어요. 켈시는 진정으로 배려했다고. 내가 새 CEO의 눈에 들 수 있었던 것도 고객을 섬기고 우리 팀을 성공시키고 싶어 했던 켈시의 열정 때문이에요! 켈시 때문에 내가 잘 보이게 됐다고. 켈시를 승진시키지 않곤 못 견딜 지경이에요."

켈시가 웃었다.

"감사합니다, 팀장님. 그렇게 말씀해주시니 몸 둘 바를 모르겠어요."

"회사에선 전 직원이 고객 서비스의 중요성을 이해해야 한다고 생각하고 있고, 그래서 각 지점에 '전설적인 서비스 문화 팀'을 만들려고 하고 있어요. 서비스 문화를 만들어나가고 지속시키는 일을 전담할 팀이지. 새 CEO는 바로 우리 지점에 그 첫 번째 팀을 만들길 원해요. 그래서 말인데, 켈시, 가정·사무용품 팀장뿐만 아니라 첫 번째 전설적인 서비스 문화 팀을 이끌면서, 나한테 가르쳐줬던 것들을 직원들에게 가르치는 일을 맡아줘요. 큰 책임이 따르는 일이지만, 내가 도와주고 지원해줄게요. 우리 지점에서 전설적인 서비스 문화 팀이 성공적으로 운영되면, 회사에선 아마 다른 지점의 팀을 만들 때 켈시가 가서 팀 리더들을 훈련시켜주길 바랄 거예요."

켈시는 믿을 수가 없었다. 수업에서 배운 내용을 처음으로 스티븐에게 얘기했을 때부터 켈시는 바로 그런 것들을 생각해왔었다. 그리고 이제 새 CEO 덕분에 그 생각이 현실이 되고 있었다! 켈시는 흥분을 감출 수가 없었다.

"팀장님, 더 이상 생각해볼 필요도 없어요. 제가 관리 팀의 일원이 된다면 정말 영광일 거예요. 우리 함께 직원들이 일하고 싶고 고객들이 찾고 싶은 퍼거슨스를 만들어봐요."

"좋아요! 그 말을 들으니 말할 수 없이 기쁘네. 관리 팀에 온 걸 환영해요! 켈시를 이제 영 교수님이라고 불러야 할지도 모르겠군."

크게 웃으며 이렇게 말한 스티븐은 회의 탁자를 돌아나와 켈시와 힘차게 악수를 했다. 그런 다음 문 쪽을 쳐다보곤 조용히 말했다.

"자, 명심해야 할 게 있어요. 정식 발표가 있기 전까진 철저히 비밀을 지켜야 해요. 아마 며칠 그래야 할지 몰라요. 본사에선 몇 가지 일을 마무리한 후 전 직원에게 새 CEO의 선임을 정식으로 발표하려 하니까."

"가족에겐 말해도 되나요?"

스티븐은 멈칫했다.

"정말로 조심할 수 있다면. 하지만 직계 가족한테만 말해요. 정식 발표 전에 미리 소문나면 안 되니까."

그때, 문이 열리더니 출근한 사람들이 들어오기 시작했다. 스티븐과 미소를 나눈 켈시는 휴게실을 나왔다.

그날 오후 점심식사를 하던 켈시는 휴게실 벽에 다음 주 월요일 아침 7시 30분에 전 직원 특별 회의가 있음을 알리는 공고가 붙어 있는 걸 봤다. 모두 필히 참석해야 한다고 적혀 있었다. 월요일이라고! 월요일까지 비밀을 지킬 수 있을까?

켈시는 표정 관리를 하며 그날 하루를 보냈다. 이런 운명의 장난을 생각하면 웃음을 멈출 수가 없었다. 겨우 마음을 다잡고 숍스마트와 면접을 하려 했는데, 이젠 퍼거슨스의 팀장이 될 예정이라니! 이제 하틀리 교수님 수업의 재량권 보고서 과제는 식은 죽 먹기가 되겠어. 켈시는 생각했다. 켈시는 화요일 수업이 빨리 돌아오길 바랐다. 나눌 얘기가 너무나 많았다.

▲ ▲ ▲

현관문을 열어젖히고 들어간 켈시는 할머니를 소리쳐 불렀다.

"할머니, 할머니! 오늘 무슨 일이 있었는지 상상도 못하실 거예요! 이리 오셔서 제가 지금 무슨 전화를 하는지 좀 들어보세요!"

할머니가 부엌 모퉁이를 돌아 급히 나왔다.

"무슨 일이냐? 굉장히 좋은 일인 것 같은데."

켈시는 포스트잇에 적어놓은 전화번호를 보며 전화기의 버튼을 눌렀다.

"안녕하세요? 제 이름은 켈시 영이라고 합니다. 내일 아침 10시에 인사 팀 면접을 약속했는데요. 네, 기다릴게요."

반짝이는 눈으로 켈시는 할머니를 보며 손가락을 올리곤 입 모양으로 '잠깐만요' 라고 말했다.

"네? 네, 내일 10시에 켈시 영입니다. 면접 취소하려고 전화를 드렸어요. 아뇨. 연기하는 게 아니라 취소하려고요. 이유요?"

켈시는 크게 미소 지었다.

"글쎄요, 맘이 바뀌었다고 말씀드릴 수 있을 것 같네요. 알겠습니다. 감사합니다. 안녕히 계세요."

전화를 끊은 켈시는 의기양양하게 허공에 주먹을 휘두르며 할머니를 향해 활짝 웃어 보였다.

"켈시, 무슨 일인지 빨리 말해보거라."

할머니가 채근했다.

"할머니는 지금 퍼거슨스 가정·사무용품 매장의 신임 팀장을 보고 계시다고요!"

"어머나, 이런! 이렇게 기쁜 일이 생기다니. 사랑스런 내 손녀!"

할머니는 이렇게 외치며 두 팔을 벌렸고 두 사람은 부엌 한가운데에서 만나 힘찬 포옹을 했다.

뭔가 바뀐 것을 눈치 챈 켈시는 할머니와 떨어진 다음 말했다.

"할머니, 손목 보호대는 어디 갔어요?"

"얘야, 나도 좋은 소식이 있단다. 너만큼 흥분되는 일은 아니지만 말이다."

할머니가 웃으며 말했다.

"오늘 아이리스한테서 전화가 왔는데, 새로 하는 운동만 잘 지켜서 하면 손목 보호대는 더 이상 할 필요가 없단다."

"정말 잘 됐어요."

"어제 알렉스가 날 치료한 다음, 아이리스한테 이제 손목 보호대 없이 치료해도 괜찮을 만큼 나아졌다고, 앞으로 병원에서 한두 번만 더 치료하면 될 것 같다고 말했다는구나. 아이리스가 직접 날 검사하지 않고 알렉스의 의견을 존중해 주는 게 정말 멋지지 않니?"

"할머니, 그게 바로 ICARE 모델의 마지막 요소인 재량권의 훌륭한 본보기예요. 이번 주 수업에서 배웠어요."

"아, 그 ICARE 모델."

웃음과 함께 손을 흔들며 할머니가 말했다.

"웃지 마세요. 제가 팀장으로 승진한 다섯 가지 결정적인 이유를 담고 있는 게 바로 ICARE 모델이라고요!"

켈시는 춤을 추듯 스텝을 밟았다.

"저녁으로 아이스크림을 먹어야겠구나! 그릇하고 숟가락 가져오렴. 초콜릿 아이스크림 먹으면서 자세히 들어보자."

▲ ▲ ▲

월요일 아침, 퍼거슨스에는 활기가 넘쳤다. 직원들은 나쁜 소식이 아니라 좋은 소식이 발표될 거라고 들었기 때문에, 무슨 일인지 몹시 궁금해하며 정문 앞에 모였다. 정확히 7시 30분이 되자, 켈시가 한 번도 본 적이 없는 한 여성이 단상으로 가 모두 주목하라고 외쳤다.

"좋은 아침입니다! 다들 이렇게 아침 일찍 모여주셔서 감사합니다. 혹시 궁금해하실까봐 말씀드리는 건데, 오늘 회의 때문에 일찍 오신 부분에 대해선 초과근무 수당이 지급될 겁니다."

직원들 사이에서 환호성이 울리더니 낮은 웅성거림이 이어졌다.

"여러분 대부분은 절 모르실 텐데, 전 퍼거슨스 이사회

의장인 그레첸 홀덴이라고 합니다. 많은 분들이 지금쯤은 이미 회사에 어떤 변화가 있었다는 사실을 들었으리라 생각합니다. 지난해를 지나면서 우린 성공적인 회사를 만드는 데 재무제표상의 숫자가 전부는 아니라는 결론에 이르렀습니다. 직원 설문조사를 한 결과, 우리의 내부 고객인 여러분 모두가 자신이 기여한 부분에 대해 제대로 평가받지 못 한다고 느끼는 걸로 나타났습니다."

일순간 주위는 물을 끼얹은 듯 조용해졌다.

"뿐만 아니라, 고객 설문조사에서도 우리의 외부 고객들 역시 존중받지 못 한다고 느끼는 걸로 나타났습니다. 결코 받아들이기 힘든 결과들이었죠. 그래서 우린 사업을 계속하려면 큰 변화가 필요하다는 결론에 이르게 됐습니다. 퍼거슨스는 전사적인 서비스 문화의 확산이 절박한 실정입니다. 그리고 그 변화는 위에서부터 시작돼야 했습니다.

임원들은 직원들과 여러 차례 회의를 열어 이런 사안을 논의했습니다. 일부 임원들은 비전을 공유하지 않았고, 스스로도 비전과 함께하지 못 했습니다. 그들은 모든 게 지금 그대로 괜찮으며 변화는 필요 없다고 생각했죠. 이제 그 사람들은 더 이상 우리 회사와 함께하지 않습니다."

직원들 사이에서 헉 하는 소리가 들리는 것만 같았다.

"남은 임원들과 함께 새롭게 영입된 임원들은 퍼거슨스를 새로운 차원의 서비스를 제공하는 회사로, 그리고 재정에서도 성공적인 회사로 만들 것이라 확신합니다. 경영진은 우리 앞에 펼쳐질 새로운 가능성에 몹시 흥분해 있습니다. 그리고 여러분의 처우에도 정성을 다할 것임을 약속드립니다. 여러분이야말로 모든 걸 가능케 할 수 있는 사람들입니다."

직원들이 박수를 치는 바람에 그녀는 잠시 말을 멈췄다.

"이제 여러분께 우리의 새로운 CEO를 소개해드리고 싶습니다. 유통산업 분야에서 풍부한 경험을 갖고 있고 최근까지 숍스마트의 운영담당 부사장을 하신 분입니다. 여러분, 댄 머레이 사장님을 큰 박수로 맞아주십시오."

새 CEO가 단상으로 가는 동안 직원들은 박수를 치며 고개를 빼어 그의 모습을 보려 했다. 이사회 의장이 댄 머레이에게 마이크를 넘겨주는 걸 보던 켈시는 자신의 눈과 귀를 의심할 수밖에 없었다.

"고마워요, 그레첸. 먼저 이런 훌륭한 회사의 일원이 돼 정말로 행복하다는 말씀을 여러분 모두에게 드리고 싶습니다. 앞으로 며칠 이곳에 머무는 동안 여러분 한 분 한 분을 만날 수 있기를 고대합니다. 여러분도 알다시피 조만간 이 근처에 숍스마트가 문을 열 예정입니다. 그들이 얼마나 잘 하는지는 제가 잘 알고 있습니다. 그래서 우린 여기 이 지점을 새로운 서비스 문화 확산의 대표 지점으로 만들고자 합니다."

댄이 눈을 반짝이며 말했다.

"이제 여러분도 잘 아는 한 사람을 소개해드리고자 합니다. 진정한 리더로 두각을 나타냈으며, 퍼거슨스의 차세대 관리자들을 육성하는 데 힘을 쏟겠다는 열의로 가득 차 있는 사람입니다. 신임 지점장 스티븐 워커 씨를 축하의 박수로 맞아주십시오."

환호성과 박수소리가 울리는 가운데, 스티븐이 앞으로 나와 댄과 악수를 했다. 켈시는 스티븐이 약간 수줍어하는 표정이라고 생각했지만, 그는 활짝 웃는 얼굴로 마이크를 잡았다.

"이렇게 엄청난 기회를 주신 이사회와 머레이 사장님께 감사의 말씀을 드립니다. 우리 지점을 직원과 고객이 선택하는 지점으로, 우수한 실적과 운영으로 주주를 만족시키는 지점으로 만들기 위해 어떻게 함께 힘을 모을지 여러분의 의견에 귀 기울이고 협력하며 일해나가겠습니다."

그는 불끈 쥔 주먹을 위로 올렸다.

"숍스마트와 한번 싸워봅시다!"

스티븐이 외치자 열렬한 박수가 쏟아졌다.

회의가 끝나고 모두들 각자의 자리로 돌아갔을 때, 가정·사무용품 매장으로 온 스티븐은 직원들에게 잠깐 모이라고 했다.

"여러분이 각자 최선을 다해주지 않았다면 내가 승진하는 일도 없었을 겁니다. 그동안 모두 열심히 해줘서 정말 고맙습니다. 어떻게 돌아가는지는 모르는 상황이었는데도 뭔가 변화가 일어나는 것 같군요. 다음 몇 주 동안은 업무 인수인계를 위해서 팀장 일과 지점장 일을 병행하겠지만, 필요한 일이 있으면 언제라도 괜찮으니 알려주세요."

스티븐은 돌아서서 켈시를 가리켰다.

"그리고 기쁜 소식이 있는데, 내 후임으로 켈시 영이 가정·사무용품 팀장을 맡을 겁니다."

모두가 미소와 포옹, 격려의 말로 켈시를 축하해줬다.

어느새 점심시간이 되어 켈시가 식사를 하러 가려고 할 때, 스티븐과 댄 머레이가 걸어왔다.

"켈시, 팀장 자리 수락했다는 소식 스티븐한테 듣고 나도 기뻤어요. 축하해요."

댄이 켈시에게 악수를 청하며 말했다.

"감사합니다, 머레이 사장님."

켈시가 미소를 지으며 말했다.

"사장님께서 단상에 나타나셔서 엄청 놀랐어요! 몇 주 전 제가 듣는 수업에서 하신 말씀을 알기 때문에, 사장님이 오신 건 우리 회사에 정말 행운이라고 생각해요."

"그냥 댄이라고 부르기로 했잖아요."

댄이 말했다.

"실은 그때 난 이미 퍼거슨스와 얘기를 하던 중이었어요. 물론 확정된 게 없었기 때문에 아무 말도 할 수 없었죠. 숍스마트는 정말 훌륭한 회사고, 거기서 성취한 것들을 정말 자랑스럽게 생각합니다. 하지만 난 새로운 도전에 뛰어들 마음의 준비가 돼 있었어요. 이제 이 지점을 시작으로 퍼거슨스를 고객 서비스를 선도하는 회사로 만들 멋진 기회가 생겼군요. 켈시와 함께할 수 있게 돼 정말 기뻐요. 우리의 비전을 달성하기 위해 변화를 만들어가는 데 켈시가 도와주리라 믿어요."

"하틀리 교수님 강의에서 배운 훌륭한 방법들을 빨리 적용해보고 싶어 견딜 수 없을 지경이에요."

켈시가 말했다.

"관리 팀의 일원이 돼 몹시 흥분됩니다."

가정·사무용품 매장을 돌며 모든 직원과 얘기를 나눈 댄은 다른 매장으로 발걸음을 옮겼다.

스티븐이 매장을 떠나기 전에 말했다.

"켈시, 다음 주에 시간을 내서 인수인계뿐 아니라 서비스 마인드를 확산시키기 위해 할 수 있는 일들에 관해 얘기해봅시다."

스티븐이 걸어가는 걸 바라보던 켈시는 안도의 한숨을 쉬었다. 마침내 모든 게 제자리를 찾아가고 있었다.

그날의 나머지 시간은 훌쩍 지나갔다. 가정·사무용품 매장은 물론 전설적인 서비스 문화 팀에서 해보고 싶은 수많은 아이디어가 켈시의 머릿속에서 넘쳐났다. 더 이상은 승진 사실을 비밀로 할 필요가 없었기 때문에, 켈시는 친구들에게 문자 메시지를 보냈다. 그리고 내일이면 하틀리 교수와 다른 학생들에게도 그 소식을 알릴 수 있을 터였다.

▲ ▲ ▲

"좋은 아침입니다, 여러분. 시간이 없으니까 바로 시작합시다."

하틀리 교수가 말했다.

"지난 시간에 여러분한테 재량권이 있다고 느꼈던 상황에 대해 생각해보라고 했죠. 누구 말해볼 사람 있나요?"

켈시가 손을 번쩍 들었다.

"이 수업에서 고객 서비스에 대해 많은 걸 배우면서, 전그 방법들을 퍼거슨스에 적용해보려고 여러 제안을 해왔습니다. 저희 팀장님은 서비스 개선 아이디어를 매우 좋아했고 제 생각을 존중해줬습니다. 하지만 팀장님 말곤 누구도신경 쓰지 않는 듯했죠. 주위를 돌아볼수록 고객 서비스를개선하는 일이 생각처럼 쉽지 않다는 걸 알게 되면서, 전 좌절했습니다. 그러던 중 댄 머레이 씨의 강의를 듣게 됐고,숍스마트가 내가 찾던 서비스 문화를 갖춘 회사라는 걸 알게 됐죠. 그러면서 전 숍스마트로 이직하는 걸 고민하게 됐습니다.

그런데 숍스마트와 면접을 보기로 한 바로 전날인 지난

목요일, 모든 게 바뀌었어요. 퍼거슨스의 CEO가 교체됐다는 걸 알게 됐는데, 새 CEO는 다름 아닌 댄 머레이 씨였어요! 그리고 지점장으로 승진한 저희 팀장님은 제게 후임 팀장 자리를 제안했죠. 게다가 모든 지점에 생길 전설적인 서비스 문화 팀을 만드는 일을 도와달라고 했어요. 그는 우리 지점의 서비스 문화를 개선하는 일에 제가 관심을 보여왔기 때문에 절 선택했으며, 제가 정말로 우리의 내부 고객과 외부 고객을 배려하는 것 같다고 했어요."

"와, 정말 흥미진진한 변화가 일어났군요. 축하합니다!"

"관계 맺기의 중요성에 대해, 고객을 배려하는 여러 방법에 대해 알려주신 하틀리 교수님께 정말 감사드리고 싶어요. 교수님의 가르침 덕분에 이 모든 변화가 일어났어요."

"재량권을 행사함으로써 영향력을 미친 매우 좋은 사례군요. 댄과 즐겁게 일할 거라 믿어요. 댄은 배울 게 많은 사람이거든요. 훌륭한 친구죠."

하틀리 교수가 말했다.

"이제 10분을 드릴 테니, 서로 짝을 찾아서 지난주 직장에서 여러분에게 재량권이 있다고 느꼈던 순간에 대해 얘기를 나눠보십시오."

강의실은 웅성거리는 소리로 소란스러워졌고, 몇 분 후 교수가 손을 들며 말했다.

"짝한테서 들은 얘기 가운데 나누고 싶은 좋은 얘기 있는 사람?"

젊은 여성이 손을 들었다.

"마리아나, 나단과 얘기하더군요. 나단의 재량권 얘기는 뭔가요?"

"나단은 컨트리클럽에서 일하고 있는데, 그 일을 정말 좋아해요."

마리아나가 얘기를 시작했다.

"그런데 지난 2년 동안 급여 인상이 없었어요. 지난주 수업에서 재량권에 대해 듣고 난 후, 나단은 상사와 면담 약속을 잡았어요. 나단은 면담에 갈 때 상사에게 줄 종이 한 장을 들고 갔는데, 거기에 그는 자신의 업무 능력이 향상됐다고 느꼈던 상황뿐만 아니라 그의 자질, 기술, 성과 등을 써 놓았어요. 또 좋은 서비스를 제공한 그를 칭찬하는 클럽 회원 두 명한테 받은 편지도 들고 갔습니다. 면담을 하는 동안 나단은 예의를 갖추고 프로다운 태도를 보이며 자신이 원하는 게 뭔지 설명하는 데 집중했어요. 상사는 나단의 진취적인 모습에 감동해서 시급을 2달러 올려줬답니다."

"고마워요, 마리아나. 재량권의 아주 좋은 사례입니다. 급여 오른 거 축하해요!"

교수는 강의실을 둘러봤다.

"또 다른 얘기 없나요?"

이번엔 여러 명이 손을 들었다.

"행크, 메이슨의 짝이었죠? 메이슨은 어떤 얘기를 하던가요?"

"에, 그러니까, 메이슨은 대형 콜센터에서 전화로 하루 종일 불만이나 고장 신고를 처리하는 일을 하고 있습니다. 그는 자신과 동료들이 스트레스 때문에 힘들어 한다고 말했어요. 그래서 작년부터 몇몇 직원과 함께 휴식을 취하거나 점심시간에 갈 수 있는 일종의 스트레스 해소 공간을 마련해달라고 인사 팀에 건의하기 시작했습니다. 인사 팀에서는 이미 건강 프로그램을 운영하고 있었기 때문에, 그런 제안을 관심 있게 들었죠. 한동안 공사가 있고 나서 지난주에 드디어 커다란 직원 휴게실이 새로 문을 열었는데, 거기엔 피크닉 테이블이나 자동판매기, 다양한 보드게임, 탁구대, 그리고……"

행크는 메이슨을 돌아봤다.

"또 뭐가 있다고 했죠, 메이슨?"

메이슨이 웃으며 말했다.

"에어하키요. 에어하키까지 있다고요!"

하틀리 교수가 말했다.

"직원을 배려할 줄 아는 회사군요."

몇몇 학생의 얘기를 더 듣고 나서 교수가 물었다.

"좋아요, 여러분. 이 얘기들 속에 들어 있는 공통된 주제는 뭘까요?"

"자신의 미래에 영향을 미치려면 진취적이어야 한다는 겁니다. 지금 얘기했던 사례의 주인공들은 다른 누군가가 자신을 위해 뭔가 해주기를 마냥 기다리고 있지 않았어요."

한 학생이 대답했다. 그러자 또 다른 학생이 말했다.

"상황을 통제하고 있는 것 같았어요. 자신이 뭘 원하는지 명확히 하고, 그걸 실현하는 방법을 찾아냈죠."

"맞습니다."

하틀리 교수가 말했다.

"여러분에게 영향을 미치는 것들을 통제하는 재량권 전략을 기억하십시오. 여러분에게 중요한 것들을 통제하고 그

것이 실현될 수 있도록 주도해나가세요. 전에도 말했듯이, 그렇게 하면 여러분의 직장도 이익을 봅니다. 직장에서 직원이 존중을 받으면 그 직원은 고객에게 다시 존중과 선의를 베풀게 마련이기 때문입니다. 그 결과 고객들은 충성 고객이 될 것이고 자신이 어떤 배려를 받았는지 친구들한테 얘기하게 되겠죠. 그렇게 되면, 고객들은 사실상 그 회사의 영업사원이 되는 셈입니다. 기여한 부분을 제대로 평가받고 있고 재량권을 갖고 결정할 수 있다고 느끼는 직원들은, 일과 회사에 더욱 열정적이 됩니다. 그런 열정은 결국 회사의 재무 상태에도 직접적인 영향을 미치게 됩니다."

학생들을 둘러보며 교수가 물었다.

"반면, 여러분한테 중요한 것들을 통제하지 못한다면 어떤 일이 벌어질까요?"

한 학생이 말했다.

"늘 누가 시키는 일만 하게 되죠. 그런데 그 일이 자기가 원하는 일이 아닐 수도 있고, 동료나 고객에게 최선이 아닌 일일 수도 있어요."

교수가 생각해보라는 듯 물었다.

"그러면 그건 누구의 잘못일까요?"

아무도 대답이 없자 하틀리 교수가 말했다.

"너무도 많은 사람들이 관리자에게 독심술이라도 있는 양, 관리자라면 으레 자기들이 필요로 하는 걸 알아야 한다고 생각합니다. 하지만 말하지 않으면 알 수 없죠. 여러분이 무얼 원하는지 상사에게 얘기하는 것, 그게 바로 일종의 재량권 행사입니다. 아무리 좋은 관리자라 해도 여러분의 모든 필요와 관심사를 알고 있진 못 합니다. 그리고 관리자가 직원들이 뭘 원하는지 모른다면, 결국 회사에 나쁜 영향을 미치게 됩니다.

여러분이 일을 제대로 하고 있는지 상사에게 피드백을 구할 때도 이 원리를 적용할 수 있습니다. 꼭 1년을 기다려 연간 업무실적 평가를 받을 필요는 없습니다. 일대일 면담을 요청해서 여러분이 제대로 하고 있는지, 개선해야 할 점은 무엇인지 자세한 피드백을 받으세요."

교수는 계속해서 말했다.

"일선 부서의 직원들은 고객과 가장 가까이 있는 사람들입니다. 그래서 고객 서비스 개선을 위해 일선 부서 직원들이 고객으로부터 듣는 정보를 일간 단위로 점검하는 체계를 마련하는 일은 회사를 위해 매우 중요합니다. 일류 조직은 직원들에게 좋든 나쁘든 피드백을 위로 전달하도록 요구합니다. 그리고 그 피드백을 근거로 경영진에서는 어떤 조치를 취해야 할지 판단합니다. 단순한 체계가 회사의 성공에 큰 영향을 미칩니다.

자, 이제 좋은 소식과 나쁜 소식이 있습니다. 좋은 소식부터 알려드리죠. 일단 ICARE 모델을 익혔다면, 그건 현장에서 실천하는 데 필요한 지식과 기술을 확보했다는 뜻입니다. 나쁜 소식은, 대부분의 회사가 거기서 멈추고 직원들이 그런 새로운 기술을 계속 사용하도록 하지 않는다는 점입니다. 모든 직원의 마음에 서비스가 계속해서 자리 잡도록 해야 합니다. 조직 내에 담당자를 임명하거나 전담 팀을 둔다면 더 좋고요."

퍼거슨스에서 자신이 이끌 전설적인 서비스 문화 팀에 대해 생각하자 흥분이 켈시의 온몸을 감쌌다.

"훈련을 통해 학습한 것이 전 직원의 마음속에 자리 잡도록 해야 합니다. 어떤 종류의 훈련이든, 그게 가장 중요한 과제입니다. 특히 조직 문화를 바꾸려 할 때는 더욱 그렇습니다. 새로운 행동양식이 칭찬받지 못하고 예전의 행동양식이 되풀이된다면, 직원들이 옛날 방식으로 되돌아가기란 매우 쉽습니다.

이제 모든 건 제가 첫 수업에서 얘기했던 것으로 귀결됩니다. 관계 맺기가 그 출발점이 돼야 합니다. 다른 직원들 그리고 고객들과의 관계를 형성해나가는 문화를 만들고 유지할 수만 있다면, 조직은 성공할 수밖에 없습니다."

▲ ▲ ▲

월요일 아침, 직장으로 차를 몰고 가면서 켈시는 생각했다. 일에 대해 좋은 기분을 느끼면 태도가 이렇게 달라지다니!

정식으로 팀장이 되려면 아직 한 달이 남았지만, 켈시는 누구보다 먼저 아침 회의에 도착해서 좋은 본보기가 되고 직원들을 반갑게 맞이해서 환영받는다는 느낌을 줘야 한다고 생각했다. 관계를 형성하고 강한 팀을 만드는 게 최우선이야. 켈시가 그런 생각을 하고 있을 때 직원들이 들어왔다.

회의가 끝나고 난 뒤, 켈시는 스티븐의 사무실을 찾았다. 지점장이 되긴 했지만, 스티븐은 켈시가 팀장 훈련 과정을 마칠 때까지 팀장직도 겸할 예정이었다. 두 사람은 팀장 업무 인수인계에 대해 1시간 정도 얘기했다.

"켈시가 훌륭한 팀장이 되는 데 잘 준비할 수 있도록 돕고 싶어요."

스티븐이 말했다.

"사람을 관리한다는 건 일개 직원으로서 조직에 기여하던 것과는 전혀 달라요. 그리고 난 아직 리더십에 대해 배워야 할 게 많은 사람이고. 정말이에요. 켈시와 힘을 합쳐서 난 이곳을 최고의 지점으로 만들어보고 싶어요."

스티븐은 리더십 기술을 개발하는 데 도움이 되는 온라인 교육 과정을 비롯해 앞으로 몇 달간 진행될 훈련 일정을 켈시에게 전해줬다. 스티븐은 의자에 등을 기대며 말했다.

"자, 이제 전설적인 서비스 문화 팀에 대한 켈시의 생각을 들어볼까요? 아마 매일 그 문제를 생각하고 있었을 것 같은데."

"네, 맞아요. 정말 그랬어요."

웃으며 대답한 켈시는 노트를 펼쳤다.

"제 생각을 들어보고 어떻게 생각하는지 말씀해주세요. 각 지점의 전설적인 서비스 문화 팀은 각 팀별로 한 명씩 정한 대표직원들로 구성됩니다. 그 대표직원들은 매주 전설적

인 서비스 문화 팀 회의에 참석한 뒤 회의 내용을 팀장에게 전달하는 책임을 맡게 될 거예요. 그러면 팀장은 매주 팀 회의 때 팀원들에게 전설적인 서비스와 ICARE 모델을 교육하는 겁니다.

그들의 또 다른 역할은, 서비스 비전을 실행에 옮기는 팀의 진행 과정을 보고서로 작성해서 회의에 오는 거예요. 그래서 새로운 서비스 문화에 대해 고객들로부터 받은 피드백을 공유하는 거죠. 우리의 새로운 서비스 문화가 고객들에게 영향을 미친다는 사실을 확인할 수 있는 긍정적인 피드백이면 좋겠지만요."

"정말 훌륭한 계획으로 들리는데. 더 말해봐요."

기쁜 표정을 감추지 못하며 스티븐이 말했다. 켈시가 얘기를 이어갔다.

"우리 지점에서 시범으로 처음 실시하니까, 오늘이나 내일쯤 우리 지점 각 팀장들에게 3개월간 전설적인 서비스 문화 팀의 일원으로 일할 직원을 한 명씩 정해달라는 메모를 보낼까 합니다. 그 직원에게는 수고한 것에 대한 감사의 표시로 각 기간이 끝날 때마다 퍼거슨스 상품권을 선물하는 것도 좋은 방법일 듯해요."

"자세한 건 더 작업을 해나가야겠지만, 핵심적인 골격은 완벽하게 갖췄군요. 켈시가 적임자일 줄 내가 알았다니까."

스티븐이 말했다.

"새로운 팀장 업무에다 전설적인 서비스 문화 팀 만드는 일까지 하면, 앞으로 몇 달은 엄청 바쁠 거예요!"

퇴근 때가 됐을 때 켈시는 피곤하긴 했지만 만족감을 느꼈다. 마침내 켈시는 직원들을 진정으로 배려하는 조직의 구성원이 된 것이다.

배려,
그 후

퍼거슨스의 리더십에 변화가 생긴 지 6개월이 지났을 때, 모든 지점엔 누구나 볼 수 있도록 회사의 서비스 비전과 가치가 붙어 있었다.

퍼거슨스의 서비스 비전
날마다 모든 고객에게 참된 가치와 배려의 서비스를 제공하는 것

퍼거슨스가 추구하는 가치
1. 윤리적 행동: 옳은 일을 하라

켈시는 리더십의 기본을 가르쳐줄 스티븐과 댄 같은 멘토를 두게 된 것을 영광스럽게 생각했다. 리더가 직원들을 배려하면 직원들은 고객을 배려하여 고객이 다시 찾아오고, 이는 결국 조직의 성공으로 이어진다는 신념을 두 사람과 이미 공유하고 있다는 사실은 켈시에게 큰 힘이 됐다.

숍스마트를 고객 서비스 1위의 회사로 만들어놓은 사람이 퍼거슨스의 새 CEO로 왔다는 소문이 돌면서, 뭐가 달라졌는지 보려는 고객들이 찾아오기 시작했다. 퍼거슨스의 실적은 바로 향상되기 시작했다. 댄의 사무실에는 퍼거슨스의 변화와 훌륭한 서비스에 찬사를 보내는 편지와 이메일이 쇄도했다. 퍼거슨스는 숍스마트가 새로 문을 연 첫 분기에 시장점유율을 지켰으며, 둘째 분기엔 숍스마트의 시장점유율을 앞지르기까지 했다.

전설적인 서비스 문화 팀이 가동돼 퍼거슨스의 전 지점

에서 운영됐다. 켈시와 스티븐은 전설적인 서비스 문화 팀원들의 도움을 받아, ICARE 모델 훈련을 도와주는 몇 가지 재밌고 직접 해볼 수 있는 활동을 생각해냈다. 그런 활동은 회의를 즐겁게 해줬다. 그 결과, 이제 각 팀장들이 3개월간 전설적인 서비스 문화 팀원으로 활동할 직원을 정할 때가 되면 자원자들이 넘쳐나 누구로 정해야 할지 고민할 지경이 됐다.

▲ ▲ ▲

가정·사무용품 팀 회의가 있는 오늘은 켈시가 팀장이 된 지 정확히 6개월이 되는 날이었다. 회의가 끝나갈 즈음, 노크 소리와 함께 댄과 스티븐이 들어오는 바람에 직원들 모두 깜짝 놀랐다.

켈시가 두 사람을 향해 미소를 지었다.

"안녕하세요! 웬일이세요?"

스티븐이 문을 열어젖히자 그 뒤에서 할머니가 활짝 웃으며 나타났다.

"어머나!"

켈시가 소리쳤다.

"할머니! 어쩐 일이세요?"

할머니가 장난스럽게 웃으며 말했다.

"곧 알게 될 거다."

스티븐이 물었다.

"제가 말해도 될까요?"

"그럼요!"

스티븐이 직원들을 향해 서고, 댄과 할머니가 스티븐 옆에 섰다.

"지난 6개월간 가정·사무용품 팀장과 전설적인 서비스 문화 팀 교육 책임자를 겸임해서 일해온 노고를 치하하며, 퍼거슨스의 새로운 서비스 비전을 위해 지칠 줄 모르는 헌신을 해온 켈시 영에게 회사를 대표해 감사를 표하게 된 것을 영광으로 생각합니다."

스티븐이 켈시를 향해 말했다.

"켈시가 우리 회사에 진정한 변화를 만들어냈어요."

스티븐은 켈시에게 봉투와 함께 감사패를 전하면서, 감사패에 새겨진 글을 큰 소리로 직원들에게 읽어줬다.

가정·사무용품 팀원들이 기립박수를 보냈다. 팀원들은 켈시가 얼마나 열심히 일해왔으며 모든 직원을 어떻게 배려했는지 잘 알고 있었기 때문에, 상을 받는 그녀를 진심으로 축하해줬다.

시상식이 끝난 뒤 스티븐과 댄, 할머니는 켈시가 회의를 마칠 때까지 남아 있었다. 직원들이 모두 돌아간 후 켈시가 말했다.

"사장님, 그리고 지점장님, 정말 감사합니다. 무슨 말을 해야 할지 모르겠네요."

스티븐이 말했다.

"아직 우리에겐 해야 할 일이 많다는 거 알아요. 하지만 지금까지 켈시가 한 일을 우리가 얼마나 높이 평가하는지 알려주고 싶었어요."

댄이 웃으며 말했다.

"켈시, 이제 멋진 미래가 열려 있어요."

할머니도 기쁜 얼굴로 말했다.

"애야, 네가 정말 자랑스럽구나."

그녀 앞에 서 있는 세 명의 배려하는 사람들을 바라보며 켈시는 지나온 날들을 떠올렸다. 1년 전 켈시는 경영자의 꿈을 품었지만 좌절감에 시달리던 직원이었다. 하지만 이제 그녀는 경영학과를 졸업했고 훌륭한 회사에서 첫발을 내디뎠다.

멋진 직장생활이 펼쳐지리라 믿으며, 켈시는 성취감에 미소를 지었다.

전설적인 서비스 자가 진단

당신이 고객과의 접점에 있는 서비스 제공자라면, 자가 진단을 해보는 것이 도움이 될 것이다. 이 책에서 배운 내용을 실행에 옮기고 ICARE 모델의 다섯 가지 영역에 좀 더 능숙해져감에 따라, 종종 자가 진단을 해서 스스로 발전 정도를 평가해보길 권한다.

일단 서비스에 초점을 맞추는 데 익숙해지면, ICARE 모델의 다섯 가지 모든 영역에서 놀랄 만큼 빠른 진전을 이룰 수 있으리라 생각한다. 다른 사람과 비교하거나 100점이라는 완벽한 점수를 얻지 못했다고 전전긍긍하지 말고 당신만의 최고 점수에 집중하라.

각 문항을 읽고 아래와 같이 점수를 매기시오.

1=전혀 아니다	2=거의 아니다	3=약간 그렇다
4=자주 그렇다	5=항상 그렇다	

이상적인 서비스 점수

1. 나는 고객을 염두에 두고 업무를 수행한다. ☐

2. 나는 고객과 지속적인 관계를 쌓는다. ☐

3. 나는 서비스가 중요하다는 믿음에 따라 행동한다. ☐

4. 나는 매일 이상적인 서비스를 제공한다. ☐

서비스 문화

5. 고객과의 일상적인 상호작용 속에서 고객을 도우려는 나의 의지가 드러난다. ☐

6. 나는 조직의 비전과 가치를 나의 판단 기준으로 삼는다. ☐

7. 나는 고객이 다시 찾도록 만드는 기억에 남을 만한 경험을 제공한다. ☐

8. 나의 행동은 나의 가치에 부합한다. ☐

주의 집중

9. 나는 고객에 대해, 그리고 고객이 선호하는 것에 대해 기록 정리한다. ☐

10. 나는 고객에게 긍정적인 첫인상을 남긴다. ☐

11. 나는 고객에게 긍정적인 마지막 인상을 남긴다. ☐

12. 나는 외부 고객을 대하듯 내부 고객을 대한다. ☐

세심한 반응

13. 나는 고객이 말하는 것을 제대로 이해했는지 고객에게 확
    인하는 질문을 한다. ☐

14. 나는 고객의 비언어적 행동에 주목함으로써 고객의 마음을
    더 잘 이해할 수 있다. ☐

15. 나는 고객과 관련된 어려운 문제를 다룰 때도 긍정적인 태
    도를 유지한다. ☐

16. 나는 고객을 돕고자 하는 의지를 행동으로 보여준다. ☐

재량권

17. 나는 관리자와 과정 개선에 관한 아이디어를 나눈다. ☐

18. 나는 고객에게 '특별한 서비스'를 제공할 방법을 찾는다. ☐

19. 나는 지속적으로 업무에 대한 지식을 늘려간다. ☐

20. 나는 업무를 더 잘 수행할 방법을 찾는다. ☐

총점 _____

감사의 말

★ ★ ★

이 책에서 누구에게 감사를 표해야 할까 생각해보니, 내 책 《열광하는 팬(Raving Fans)》의 공동 저자 셀든 보울즈와《서비스에 관한 단순한 진실(The Simple Truths of Service)》의 공동 저자 바버라 글랜즈가 가장 먼저 떠오른다. 나는 두 사람에게서 고객 서비스에 대해 많은 걸 배웠다.

캐시 커프, 비키 할시와 함께 책을 쓸 수 있었던 건 내게 축복이었다. 캐시는 26년간 우리 회사에서 핵심 역할을 해왔다. 그녀의 열의, 삶에 대한 열정, 의욕을 불러일으키는 교육방식은 타의 추종을 불허한다. 예외가 있다면, '하이 에너지(high energy)'라는 문구를 처음 생각해낸 비키 할시다. 비키는 훌륭한 선생님일 뿐만 아니라, 내가 아는 한 가장 창조적인 학습자료 개발자 가운데 한 명이기도 하다. 이 책을 위해 캐시, 비키와 함께 작업한 일은 결코 잊지 못 할 경험이 될 것이다.

르네 브로드웰을 팀장으로 하여 마사 로렌스의 지원을 받으며 운영된 이 프로젝트의 멋진 팀에게 감사를 전하고 싶다. 마저리 앨런은 나의 오른팔이자 왼팔이 돼 내가 프로젝트에 전념할 수 있도록 해줬다. 그리고 모두가 바쁜 가운데 뭔가 해야 할 일이 생기면, 애나 에스피노가 훌륭한 파트너가 돼줬다.

파트너에 대해 말하자면, 난 너무 과분한 사람과 결혼했다. 내 아내 마지가 내 삶과 일에 준 영향을 생각하면 어떤 찬사로도 모자라다. 나의 아이들, 스캇과 데비도 마찬가지다! 그리고 나의 사랑스러운 손주들, 한나, 애티커스, 커티스, 카일, 알렉과 같이 있으면 전설적인 서비스를 실천하게 된다. 난 정말 행운아다.

마지막으로, 그러나 앞에 언급한 이들 못지않게 중요한 분으로, 우리 얘기에 영감을 준 알렉산드리아 햄릭에게 감사의 말씀을 전한다.

켄 블랜차드

★ ★ ★

이 책은 오랜 작업의 결과물이다. 나의 동료이자 친구인 켄 블랜차드와 비키 할시에게 깊은 감사를 표한다. 함께 고객 서비스에 대한 열정을 나눈 두 사람은 사람들이 고객과의 관계를 향상시킴으로써 사업을 성공으로 이끌 수 있도록 고객 서비스에 대한 책을 쓰기로 뜻을 모았다.

나의 남편 에드와 두 아들 케빈과 브라이언에게도 감사를 표하고 싶다. 그들은 내가 지난한 과정을 견디며 이 책을 위한 내 꿈에 매달리는 내내 나를 격려해줬다.

마지막으로, 그러나 똑같이 소중한 분으로, 다른 이들에게 배려의 행동을 보여줌으로써 우리들 각자가 이 세상에서 변화를 만들어낼 수 있다는 사실을 아직도 매일 깨닫게 해주는 94세의 어머니에게 감사를 드린다.

캐시 커프

★ ★ ★

단순하지만 강력한 이 책을 써야 한다는 생각이 해가 지날수록 우리에게 점점 더 명확해졌다. 조직은 직원들이 존중받는다고 느끼고 그것이 고객들이 존중받는다는 느낌으로 이어질 수 있도록 여건을 마련해야만 한다. 고객과 직원이 협력하여 혁신적인 과정을 만들어나갈 때, 지속적인 배려의 관계를 창조하는 시너지가 창출된다. 나는 특히 내가 지속적으로 배려의 관계를 만들어온 것에 감사함을 느낀다. 그런 관계들로 인해 나의 신념은 명확해졌고 이 책도 쓸 수 있었다.

많은 이들에게 감사를 표하고 싶다. 단순한 진실을 깨닫게 해준 켄 블랜차드, 에너지와 추진력과 지혜를 겸비한 캐시 커프, 1차 편집과 수정 의견을 준 사라 미커와 닉 할시, 고객의 일상에 대한 식견으로 영감을 준 뛰어난 편집자 르네 브로드웰, 한결같은 사랑을 보여준 제이크와 릭 할시, 스스로를 믿고 성장하고 배우도록 항상 나를 격려해주는 일레인 화이트, 팻 지가미, 마지 블랜차드, 데비 블랜차드에게 감사한다.

특히 내게 진실을 전달하고 서로 배려하는 사람들이 잘 살 수 있는 세상을 만드는 일을 하라고 격려해준 나의 사랑하는 고객들, 친구들, 가족에게 감사의 말씀을 전하고 싶다.

비키 할시

당신이 이용 가능한 서비스

켄블랜차드컴퍼니

켄블랜차드컴퍼니의 전설적인 서비스 훈련 프로그램은 조직 내 매우 중요한 두 그룹을 대상으로 한다. 한 그룹은 일선 부서와 고객 접점의 직원들인 서비스 제공자들(Service Providers)이다. 우리는 그들에게 어떻게 고객에게 더 향상된 서비스를 제공하는 데 솔선할 수 있는지를 보여준다.

또 다른 그룹은 리더와 관리자들인 서비스 옹호자들(Service Champions)이다. 우리는 그들에게 어떻게 서비스 문화 창조를 위한 체계를 만드는지 뿐만 아니라 조직 내 서비스에서 그들의 역할을 어떻게 정립해야 하는지도 보여준다.

우리는 전설적인 서비스의 다섯 가지 요인을 깊게 파고들어 ICARE 모델을 실행에 옮긴다. 고객이 주도하는 조직, 즉 전설적인 서비스로 알려진 조직에 대해 더 알고 싶다면, 지금 바로 http://www.kenblanchard.com/Solutions/Engagement-and-Cultural-Change/Legendary-Service를 방문하라.

켄블랜차드컴퍼니는 현장학습, 생산성, 성과, 리더십, 효율성 분야의 세계적 선도 기업이며, 세계에서 가장 광범위하게 교육되는 리더십 모델인 상황 대응 리더십 2[Situational Leadership II(SL II)]로 잘 알려져 있다. 자기 주도를 촉진하고 리더가 되도록 돕는 능력 덕분에 중소기업, 정부, 비영리 교육단체는 물론 포춘 500대 기업에서도 SL II를 채택하고 있다.

전략적 목표를 달성하고 사업의 성과를 만드는 핵심은 바로 사람이라는 신념에 기반을 둔 블랜차드 프로그램들은 리더십, 팀, 고객 충성, 변화 관리, 성과 향상 분야에서 탁월함을 보여왔다. 켄블랜차드컴퍼니는 근무 환경 개선을 위한 최적의 실천 방안에 초점을 맞춰 끊임없이 연구한다. 또한 세계 최고 수준의 트레이너와 코치들은 조직적인 행동의 변화를 모든 직책에서 추동하고, 학습한 내용을 행동으로 옮기도록 사람들을 돕고 있다.

켄블랜차드컴퍼니의 리더십 전문가들은 각종 워크숍이나 컨설팅뿐만 아니라 조직 발전, 작업 성과, 사업 경향 등의 주제에 대한 기조연설에도 활용 가능하다. 조직이 측정 가능한 영향을 미치는 지속적인 행동 변화를 할 수 있도록 도와주는 워크숍, 코칭 서비스, 리더십 프로그램에 대해 알기 원한다면 kenblanchard.com을 방문하라.

온라인 참여

유튜브에서 블랜차드를 찾아보라. 켄블랜차드컴퍼니에서 활동하는 선구적인 리더들도 만나보라. 켄 블랜차드의 유튜브 채널을 구독하면, 새로 업데이트되는 동영상을 받아볼 수 있다.

페이스북의 블랜차드 팬클럽에 가입해보라. 페이스북의 켄 블랜차드와 친구가 돼 우리 핵심 그룹의 일원이 돼보라. 켄과 그의 책을 사랑하는 다른 팬들과 만나고, 동영상과 사진을 보고, 특별 행사에 초대받을 수도 있다.

켄 블랜차드와 소통하라. 켄 블랜차드의 블로그 HowWeLead.org는 긍정적인 변화를 돕고자 만들어졌다. 이 블로그는 누구에게나 열려 있는 사이트다. 이 블로그는 우리 모두의 관심사인, 책임 있는 리더십에 대해 깊이 고민하는 사람들을 만나는 소셜 네트워크이자 켄이 여러분의 의견을 듣는 공간으로 기능하고 있다.

켄의 트위터를 팔로잉하라. 때에 맞춰 켄의 메시지와 의견을 받아보라. @kenblanchard에서 켄이 참석한 행사, 읽은 기사, 생각들에 대해 알아보는 것도 도움이 될 것이다.

How2Lead 앱을 이용하라. 무료 How2Lead 앱을 이용하면 리더십, 기업교육, 경영방식에 대한 최신 정보를 얻을 수 있다. 블랜차드의 블로그를 보고, 동영상을 시청하고, 선구적 리더십과 최신 연구에 대한 내용을 보라. 안드로이드, 아이폰, 아이팟 터치, 아이패드에서 이용할 수 있다.

Services Available

The Ken Blanchard Companies? is committed to helping leaders and organizations perform at a higher level. The concepts and beliefs presented in this book are just a few of the ways that the authors and Blanchard International have helped organizations improve workplace productivity, employee satisfaction and customer loyalty around the world. Available services include executive coaching, coaching to support learning and coach training. In addition, Blanchard International offers consulting and training on a variety of leadership topics.

If you would like additional information about how to apply these concepts and approaches in your organization, or if you would like information on other services, programs and products offered by Blanchard International, please contact us at:

Website: www.kenblanchard.com
The Ken Blanchard Companies
World Headquarters
E-mail: international@kenblanchard.com
Phone: +1.760.489.5005
Address: 125 State Place Escondido
California 92029 U.S.A.

LEGENDARY SERVICE

다가오는 미래 경영 환경에서의 핵심은 서비스의 차별화와 이를 통한 고객 감동이다. 남들과 같은 수준의 서비스 품질로는 결코 미래 환경에서 살아남을 수 없다. 켄 블랜차드는 서비스를 통해 차별화된 감동을 이끌어내는 방법을 서술함으로써 수많은 서비스 기업들에게 경쟁력을 갖추는 비법을 제시하고 있다. 전설적인 서비스를 원한다면 주저하지 말고 당장 이 책을 손에 들기를 추천한다.

– 박인주, 제니엘 회장

평범한 기업과 위대한 기업의 차이는 위대하지 않다. 이 책도 마찬가지다. 위대한 기업의 이상적인(Ideal) 서비스는 다름 아닌 직원들을 동기부여하는 서비스 문화(Culture)를 만들어서 고객의 충성이 따라올 수 있도록 주의집중(Attention)하고 작은 요구에도 세심하게 반응(Responsiveness)하면서 최상의 고객만족 서비스를 줄 수 있는 재량권(Empowerment)을 주는 것이다. 그것이 바로 ICARE(배려) 서비스다. 고객의 염려를 미리 배려해서 따뜻한 관심과 애정으로 대할 때, 고객은 만족을 넘어 감동한다. 단순하지만 위대한 차이를 낳는 조직으로 변신을 준비 중인 모든 이에게 필독서로 강추한다.

– 유영만, 한양대 교수

이 책을 다 읽고 나면 원래 제목인 '전설적인 서비스'를 왜 '배려를 파는 가게'로 번역했는지 알게 된다. 고객들이 어떤 상점이나 회사를 고집하는 것은 단지 품질 때문만은 아니다. 오히려 고객들이 배려받고 있다고 느낄 때다. 할인매장 직원으로 일하며 대학에서 경영학을 전공하고 있는 켈시라는 매력적인 여성은 ICARE 모델을 실천함으로써 직장에 변화를 불러온다. 이러한 현대판 신데렐라의 이야기를 읽다보면 어느새 '외부 고객뿐만 아니라 내부 고객과의 관계에 초점을 맞추면 조직은 가장 강력한 경쟁우위를 확보하게 된다'는 이 책의 핵심 메시지에 사로잡히게 된다. 아주 재미있고 유익한 책이다.

– 제갈정웅, 前 대림대 총장

이 책은 직책에 상관없이 조직의 모든 이에게 큰 깨달음을 준다. 경영진과 관리자에게는 서비스 문화의 중요성을 가르쳐주며, 일선 직원에게는 그들이 회사의 얼굴이며 변화를 만들 수 있다는 사실을 알려준다.
— 마크 킹, 테일러메이드 골프 CEO

내가 힐튼호텔, 메리어트인터내셔널, 월트디즈니에서 일하며 배운 모든 것을 담고 있다. 이 책은 환상적인 서비스를 어떻게 제공해야 하는지를 다음 세대에게 가르쳐줄 것이다.
— 리 코커렐, 월트디즈니월드 前 부사장

캐시 커프와 비키 할시는 ICARE라는 환상적인 고객 서비스 모델을 창조했다. 두 사람의 목소리에 이야기의 대가 켄 블랜차드의 목소리를 덧입혀 또 하나의 걸작이 탄생했다. 서비스에 대해 열정을 지닌 사람이라면 반드시 읽어야 할 책이다.
— 콜린 바렛, 사우스웨스트항공 명예 대표이사

켄 블랜차드가 다시 한 번 해냈다. 적기에 필요한 책을 내놓았다. 이 책은 모든 사람들이 바로 오늘 당장 적용할 수 있는 방식으로 친절과 섬김의 리더십을 보여준다.
— 존 카파렐라, 팔라초 COO

켄과 캐시, 비키는 일상의 서비스를 어떻게 잊을 수 없는 경험으로 바꿀 수 있는지를 보여준다. 이 책은 평범함을 거부하는 사람이라면 반드시 읽어야 할 책이다.
— 레오나르도 인길레리, 《왜 그들의 서비스에 사람들이 몰릴까》 공저자

배려를 파는 가게

제1판 1쇄 발행 | 2017년 5월 12일
제1판 5쇄 발행 | 2022년 7월 19일

지은이 | 켄 블랜차드 외
옮긴이 | 이제용
펴낸이 | 오형규
펴낸곳 | 한국경제신문 한경BP
책임편집 | 윤효진
저작권 | 백상아
홍보 | 이여진 · 박도현 · 하승예
마케팅 | 김규형 · 정우연
디자인 | 지소영
본문디자인 | 디자인 현

주소 | 서울특별시 중구 청파로 463
기획출판팀 | 02-3604-590, 584
영업마케팅팀 | 02-3604-595, 583   FAX | 02-3604-599
H | http://bp.hankyung.com   E | bp@hankyung.com
F | www.facebook.com/hankyungbp
등록 | 제 2-315(1967. 5. 15)

ISBN 978-89-475-4166-4   03320